생각한 대로 말할 수 없어 답답했던

개발자를 위한
생각의 정리,
문서 작성법

생각한 대로 말할 수 없어 답답했던

개발자를 위한
생각의 정리,
문서 작성법

체계적인 정보 정리부터,
보고서·기획서·설명서의
구체적인 작성법과
테크니컬 라이팅까지

카이마이 미즈히로 開米 瑞浩 지음 | 안동현 옮김

프리렉

들어가며

이 책에서는 IT 개발자가 업무에서 얻은 복잡한 정보를 정리하여 제대로 이해하고, 다른 사람에게 알기 쉽도록 전달하는 노하우, 즉 사고 정리법에 관해 설명합니다.

사양을 설명하거나 오류를 보고할 때 혹은 시스템 제안서를 작성하여 제출할 때, 상대방과 좀처럼 말이 통하지 않아 고생했던 경험이 있지 않나요? IT 개발자란, 사람들에게 복잡한 이야기를 이해하기 쉽게 설명해야 하는 직업입니다. 그러기 위해서는 먼저 자신부터 내용을 가장 잘 이해하고 있어야 합니다. 여기서 필요한 것은 정보를 단순히 '복사-붙여넣기' 식으로 기억하는 것이 아니라, 잘게 씹어 자기 안에서 사고를 정리 및 재구성하는 일입니다.

SNS에서는 '인터넷 검색으로 찾은 예시를 그저 복사-붙여넣기만 하는 복사 개발자'가 곧잘 비난받곤 합니다. 그럼에도 IT 개발자의 일은 'OO 규격', 'XX 메소드', '기존 코드' 등, 이름은 다를지라도 누군가가 만든 선례와 그것을 정리한 식견을 배워서 활용하는 경우가 많습니다. 그 과정에서 '복사-붙여넣기' 같은 작업은 필수로 여겨질 정도로 여러 번 수행하며, 그것을 나쁘다고 말할 순 없습니다. 개발자의 가장 나쁜 행동은 알지도 못하면서 안이하게 사용하는 일입니다. 개발자뿐만 아니라, 대부분의 사람들은 자신이 이해하지 못하는 내용을 타인에게 설명하려 하면 핵심을 놓치고 앞뒤가 맞지 않는 부분이 많아, 조금의 질문이라도 받으면 금세 횡설수설하곤 맙니다.

그러나 잘 모르는데도 의외로 통한다는 것이, 무엇이든 검색할 수 있는 이 시대의 진정한 공포로 느껴집니다. 챗GPT나 코파일럿(Copilot) 같은 생성형 AI 도구는 이런 현상에 박차를 가할지도 모릅니다. 간단한 코드라면 원하는 대로 동작하는 코드를 단숨에 생성해 주기 때문에, 필자 역시 생성형 AI 도구를 편리하게 사용하고 있습니다. 이런 식으로 정확하게 알지는 못하지만, 사용하는 경우는 앞으로 현격하게 증가할 것입니다.

그렇기에 우리는 '복사-붙여넣기'에 만족하지 말고 스스로 생각하여 이해할 필요가 있습니다. 여기서 익히고 싶은 것이 바로 생각을 정리하는 기법과 습관 즉, 사고 정리법이며 이 책은 그 기본 내용을 IT 개발자를 대상으로 정리한 것입니다.

원래 이 주제에 가까운 내용은 쉽게 읽히도록 문장을 쓰는 법, 도해의 기술, 화술과 같이, 문장이나 그림, 대화 등 사람에게 정보를 전하는 표현 수단에 국한되는 경우가 많지만,

정말 중요한 것은 그 전 단계입니다. 즉, 다른 곳에서 들은 이야기나 자신이 생각한 바(그림에서는 복잡한 장문의 글, 대량의 항목)가 머릿속에서 잔뜩 뒤섞여 뒤죽박죽, 답답한 상태일 때, 그것을 깔끔하게 정리 정돈하는 것입니다. 이 책에서는 생각 정리를 위한 논리도를 그릴 것을 추천합니다. 그런 다음에는 그림으로든 문장으로든 쓸 수 있으며, 말로 해도 이야기가 통하게 됩니다.

이 책에서 다루는 범위

- 복잡한 장문의 글
- 대량의 항목

주요 기술(일부)

단어·문장의 분해와 재구성

범주화 & 요약(CS)

그룹·패러렐·시리즈(GPS)

트리 구조·MECE·Case-Measure 패턴·구조/사건/대처 패턴 등

생각(사고)의 정리

생각의 정리를 위한 논리도

자기 사고를 정리하기 위한 글쓰기

도해   문장   음성/영상

남이 읽거나, 시청하도록 하기 위한 것

그 논리 도표를 그리기 위해 생각을 정리하게 되는데, 이때 사용하는 중요한 기법이 몇 가지 있습니다. 이 기법들은 단순하며, 우리가 무의식적으로 사용하고 있는 것도 많지만 전체로서는 그다지 알려지지 않았고, 잘 밝혀져 있지도 않습니다. 이 책을 통해 그 기법을 배우길 바랍니다.

필자는 전 IT 개발자로, 이 주제에 관해 오랫동안 독학으로 조사 및 연구를 해왔습니다. 2000년 이후로는 많은 잡지에 기고하기도 했고 여러 권의 서적을 출판하기도 했습니다. 2003년부터는 교육 연구 프로그램을 개발해 종합전기, SI, 정밀기기, 제약 등 다양한 분야의 기업에서 교육 연수를 진행하기도 했습니다. 대단한 학력도, 자격도 없는 일개 IT 개발자인 필자가 이런 기회를 누렸다는 것에서 이 문제가 얼마나 보편적인 고민인지를 말해준다고 생각합니다.

이 책을 통해 아무도 가르쳐주지 않은 사고(정보) 정리 기술을 알고 커뮤니케이션에 대한 거부감을 해소하는 사람이 한 명이라도 늘어나길 바랍니다.

_ 카이마이 미즈히로(開米 瑞浩)

▨ 대상 독자

이 책은 주로 보고·연락·상담에 어려움을 겪는 **젊은 IT 개발자**를 위해서 썼습니다.

보고·연락·상담이라고 하면 신입사원 연수에서 반드시 가르치는 회사원 커뮤니케이션 능력의 기본입니다. 이것을 잘 해내기 위해 필요한 것이 **사고의 정리**입니다. IT 개발자 직종에서는 특히 '개조식 목록'이나 '5W1H' 같은 기본적인 방식으로 정리할 수 없는, 논리적으로 복잡한 정보를 다루는 경우가 많기 때문에, 그것을 타인에게 설명해야 하는 **보고·연락·상담** 과정에 거부감을 가지기 쉽습니다. 특히 "문장만으로는 전해지지 않는 것이 많아 도해를 사용해 설명하고 싶은데, 어떻게 그리면 될지 모르겠다"며 답답하게 생각하고 있는 분이라면, 이 책이 도움이 될 것입니다.

▨ 이 책의 구성

이 책은 **그림 A 오른쪽**과 같이 10개의 장으로 구성되어 있습니다. **그림 A 왼쪽**과 같은 자주 묻는 질문에 대해 각 장에서 답변하겠습니다.

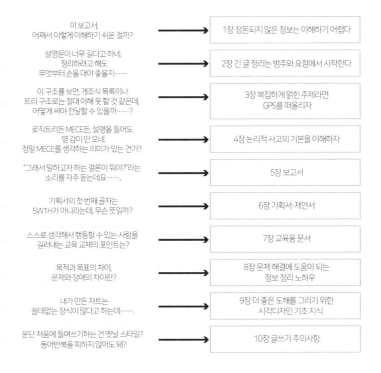

이 보고서,
어째서 이렇게 이해하기 쉬운 걸까?
→ 1장 정돈되지 않은 정보는 이해하기 어렵다

설명문이 너무 길다고 하네.
정리하려고 해도
무엇부터 손을 대야 좋을지……
→ 2장 긴 글 정리는 범주와 요점에서 시작한다

이 구조를 보면, 개조식 목록이나
트리 구조로는 절대 이해 못 할 것 같은데,
어떻게 써야 전달할 수 있을까……?
→ 3장 복잡하게 얽힌 주제라면
GPS를 떠올리자

로직트리든 MECE든, 설명을 들어도
영 감이 안 오네.
정말 MECE를 생각하는 의미가 있는 건가?
→ 4장 논리적 사고의 기본을 이해하자

"그래서 말하고자 하는 결론이 뭐야?"라는
소리를 자주 듣는데요…….
→ 5장 보고서

기획서의 첫 번째 골자는
5W1H가 아니라는데, 무슨 뜻일까?
→ 6장 기획서·제안서

스스로 생각해서 행동할 수 있는 사람을
길러내는 교육 교재의 포인트는?
→ 7장 교육용 문서

목적과 목표의 차이,
문제와 장애의 차이란?
→ 8장 문제 해결에 도움이 되는
정보 정리 노하우

내가 만든 차트는
쓸데없는 장식이 많다고 하는데…….
→ 9장 더 좋은 도해를 그리기 위한
시각디자인 기초 지식

문단 처음에 들여쓰기하는 건 옛날 스타일?
동어반복을 피하지 않아도 돼?
→ 10장 글쓰기 주의사항

● 그림 A 이 책의 구성

이 책을 통해 무엇을 알게 되나요?

- 잘못 작성된 문서가 어떤 것인지 파악할 수 있어, 좋은 문서를 작성할 수 있게 됩니다.
- 단순한 개조식 목록을, 더 큰 통찰력을 전달하는 목록으로 발전시킬 방안을 조금의 고민만으로도 알게 됩니다.
- 불필요한 도해 없이 설명을 마칠 수 있습니다.
- 긴 설명문을 비약 없이 짧게 요약할 수 있게 됩니다.
- 다수의 요소가 복잡하게 얽힌 구조를 가진 정보를, 단시간에 알기 쉽게 도해할 수 있게 됩니다.

차례

Part. 1

정보 정리에 필요한
기초 지식과 사고방식

1장

정돈되지 않은 정보는
이해하기 어렵다

이해하기 어려운 글을 고치려면 먼저 정보를 정리해야 하는데, 이럴 때는 **그림으로 그려 논리를 시각화하는 것**이 효과적입니다. 이때 '그림 그리기'란 실제 그림을 그리는 것이 아니라, **단순히 사각형 상자와 화살표를 사용하여 '말'을 연결**하는 것을 뜻합니다. 이렇게 논리를 정리하면 글이나 말로도 알기 쉽게 설명할 수 있습니다.

01

부하 직원이 쓴 보고서를 이해할 수 없는 상사들

보고서가 어려워 읽기 벅찬데……

"2023년 어느 날, 어느 회사에서 부장으로 일하는 N 씨는 두 손으로 머리를 감싸 쥐었다. 팀원이 1년에 두 번 제출하는 업무 보고서를 읽는 일이 벅찼기 때문이다."

마치 회사를 배경으로 하는 소설의 한 장면처럼 보입니다만, 실은 중간관리자 위치에 있는 사람들이 흔히 들려주는 경험담입니다. N 씨의 고민은 이렇습니다(그림 1-1).

'이해하기 어려우니, 읽는 데도 시간이 걸린다. 이걸로 인사 평가를 해야 하는 것도 부담이지만, 고객 대상 보고서를 이런 수준으로 작성해서는 안 되므로 직원이 좀 글을 잘 썼으면 하는 바람인데……'

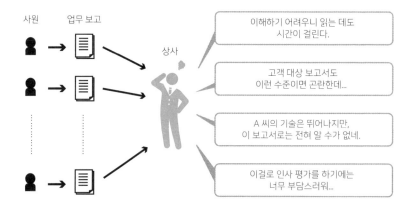

● 그림 1-1 이해하기 어려운 보고서로 고민하는 상사

업무를 진행하려면 다양한 정보를 관계자에게 전달해야 합니다. IT 개발자는 다양한 정보를 **문서**로 정리해야 하는 경우가 많습니다. 직접 얼굴을 보며 나누는 대화나 화상 회의라면 구두 설명이나 몸짓 등도 활용할 수 있습니다만, 이 역시도 문서 자료를 기반으로 대화하거나 사후에 나눈 이야기의 요점을 회의록 형태로 정리해야 하기에 결국 문서가 필요합니다. 이런 문서는 보고서 외에도 명세서, 설명서, 절차서, 안내서 등 다양합니다. 그중에는 채팅이나 이메일로 보내는 몇 줄의 글처럼 제목이 없는 것도 있습니다. 현대 직장인의 업무는 이러한 정보 전달의 끊임없는 반복으로 이루어진다고 해도 과언이 아닐 겁니다. 이런 정보를 이해할 수 없다면 어떤 일이 일어날까요?

케이스 스터디: 개요를 알 수 없는 문제 발생 보고

어느 날 N 씨가 이메일로 받은 문제 발생 보고를 예로 들어 봅시다. 간단히 말하면 '고객에게 빌린 물품을 분실한 사건'의 자초지종을 조사한 내부 보고용 메모입니다(그림 1-2). 최종 대외용 정식 문서로 만들기 전에 이런 종류의 간단한 보고를 이메일로 주고받을 때가 흔할 겁니다. N 씨 역시도, 업무 중에 이런 종류의 연락을 하루에도 몇십 통이나 주고받곤 했습니다.

> 팀장을 통해 고객에게서 빌린 소프트웨어 설치용 CD(이하 CD)를 분실한 이번 건은, 고객에게 물품을 빌릴 때는 빌린 물품을 확인하고 차용증을 발급함과 동시에 수령 물품 관리 목록에 기재하는 것이 규정임에도 이를 준수하지 않은 것, 더불어 CD가 빌린 물품임을 제대로 인식하지 못한 작업 담당자가 팀장에게 직접 전달하지 않고 책상에 두기만 한데다, 팀장도 이를 즉시 확인하지 않은 태만 탓에 발생한 것으로 보입니다.

이래서는 사건 개요를 잘 모르겠는걸?

● 그림 1-2 물품 분실 사건 상황 조사 메모(원문)

이 글은 문법 오류나 오탈자가 없는 평범한 문장으로, 그리 어려운 내용도 아니므로 한 번 읽으면 그 내용을 알 수 있습니다. 그러므로 글을 이해하기 어려우니, 다시 작성하라고 되돌려 보내는 상사는 아마 없을 겁니다. 얼핏 문제가 없어 보이는 이 메모에는 몇 가지 결점이 있는데, **정확하게 쓰기는 했으나 전체 개요를 이해하기에는 부족한 문서**의 전형적인 예라는 점입니다. 그러나 이를 글만으로는 이해하기 쉽지 않으므로 그림으로 풀어봅시다(그림 1-3).

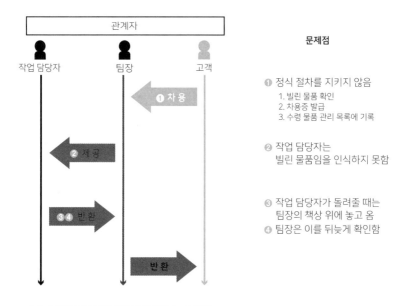

● 그림 1-3 물품 분실 사건 상황 조사 메모: 논리 도해

이 그림을 보면 다음과 같은 정보를 즉시 알 수 있습니다.

- 관계자는 모두 3명이다.
- 절차는 모두 4단계다.
- 문제는 모두 4가지다.

메모만으로 이 정보를 바로 이해하기란 어렵습니다. 예를 들어, 관계자만 놓고 보더라도 원문에서는 '작업 담당자'라는 단어가 후반부에야 등장하기 때문에, 여러 번 확인하지 않으면 이 일의 관계자가 모두 3명이라고 확신할 수 없습니다.

그러나 **도해**(=그림으로 나타낸 것)로 설명하면 이해하기 쉬워지는데, 왜냐하면 메모 내용을 **정리**했기 때문입니다. 즉, 다음과 같이 정리가 되어 있으므로 얼핏 보더라도 사건 개요를 파악할 수 있는 겁니다.

- '관계자' 정보만을 정리하여 한곳에 모음
- '절차' 정보만을 정리하여 한곳에 모음
- '문제점' 정보만을 정리하여 한곳에 모음

물론, 그림으로 설명하더라도 이런 방식으로 정리하지 못한다면 여전히 이해하기 어렵습니다(그림 1-4).

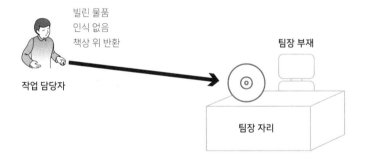

● 그림 1-4 **물품 분실 사건 상황 조사 메모: 그림 도해**

그림 1-4에는 '고객'도 없고 '절차'도 없으며 '문제점'은 2가지뿐인 데다 이마저도 번호를 붙이지 않고 기록하다 보니 2가지 정보인지, 1가지 또는 3가지 정보인지를 구분하기가 어렵습니다. 같은 그림이라도 이렇게 표현하면 사건 개요를 파악할 수 없고 원인 규명과 재발 방지 등의 문제 해결에도 그리 도움이 되지 않습니다. 원문에 적힌 내용을 올바르게 정리하지 못하고 대충의 인상만으로 그

림을 그리려 하면 이런 그림이 되기 쉽습니다.

논리 도해와 그림 도해

실제로 단순히 '도해'라고 하면 그림 1-4와 같은 모습을 떠올리기 쉬우므로 여기서는 두 가지를 분명하게 구분하고자 합니다. 이에 이 책에서는 그림 1-3과 같은 유형의 그림을 논리 도해, 그림 1-4와 같은 유형의 그림을 그림 도해라고 부르겠습니다. 참고로 이는 일반적인 명칭이 아니며 필자 나름으로 알기 쉽도록 정의한 용어입니다.

논리 도해란 논리(=로직)를 나타내는 것이 목적인 그림입니다. 그러므로 단어를 기재한 사각형이나 원을 선으로 구분하거나 화살표로 이어 논리 구조를 표현합니다. 빠진 정보가 있거나 순서가 잘못되면 논리가 올바르지 않으므로 필요한 정보는 빠짐없이 정확하게 표현하는 것이 중요합니다. 그러다 보니 문자가 많아지기 쉽습니다.

그림 도해란 해당 장면을 시각화한 그림(삽화나 사진)으로, 눈에 보이는 모습을 강조하므로 상대적으로 문자는 적습니다. 예를 들어, 그림 1-4에는 사람을 표현한 아이콘이나 책상, 의자, CD '그림'이 있습니다. 이것이 눈에 보이는 모습 강조입니다. 논리 도해인 그림 1-3에는 이런 그림이 없으며 대신 "차용, 제공, 반환" 같은 문자로 절차를 표현합니다. '차용'이든 '반환'이든 이를 사진으로 찍으면 단순히 물품을 전달하는 장면이므로 그리 차이가 없으나 그 뜻은 정반대입니다. 요컨대, **그림으로 나타내기 어려운 뜻의 차이를 말로써 분명히 표현하는 것이 논리 도해이고, 눈으로 보듯이 장면을 그린 것이 그림 도해**라고 생각해 주세요.

거듭 이야기하지만, 일반적으로 '도해'라고 하면 대부분 그림 도해를 떠올립니다. 이와 달리 특히 IT 개발자 업무에서 주로 사용하는 것은 논리 도해임을 명심하길 바랍니다(그림 1-5). 말로 표현하기 어려운 정보를 다룬다면 그림 도해가 필요하기도 하나 IT 개발자 업무에서 그럴 때는 적고, 말로 명확히 표현하는 것이 훨씬 더 중요합니다. 같은 '도해'라 하더라도 말을 얼마나 잘 다루는지에 따라 그 가치가 달라집니다. 그러므로 논리 도해를 그리려면 먼저 정보를 철저하게 정리해야 합니다.

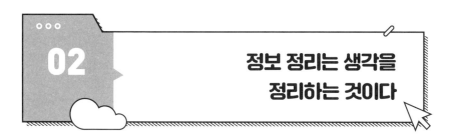

● 그림 1-5 논리 도해와 그림 도해

02 정보 정리는 생각을 정리하는 것이다

앞 절에서 "정보는 철저하게 정리해야 한다"라고 썼습니다만, 여기서 정보 정리란 사실 자기 생각(=사고)을 정리하여 결정하는 것을 말합니다.

업무 중 무언가를 결정하고자 정보를 수집할 때는 '관련 있을 듯한 정보를 일단 모두 모으는' 단계를 거치는데, 이렇게 모은 대량의 정보는 대부분 잘 모르는 것인 데다가 양만 많아서 읽어도 머릿속만 복잡하고 답답해지는 기분이 들 때가 흔합니다.

이때 필요한 것이 **정보 정리**로, 목적에 맞게 대량의 정보를 분해하여 고를 것은 고르고 버릴 것은 버리며 재구성합니다. 이렇게 하여 만든 것이 앞 절에서 살펴본 **논리 도해**입니다(그림 1-6). 논리 도해란 전체 개요를 논리에 따라 파악할 수 있도록 해주는 그림이므로, 이것을 잘 만들면 "그래, 바로 이거였어!"라며 이해하는 데 자신감이 생깁니다.

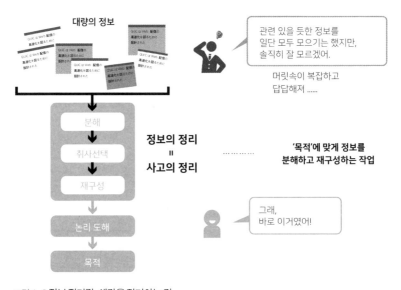

대량의 정보

관련 있을 듯한 정보를
일단 모두 모으기는 했지만,
솔직히 잘 모르겠어.

머릿속이 복잡하고
답답해져 ......

분해

취사선택

재구성

정보의 정리
=
사고의 정리

'목적'에 맞게 정보를
분해하고 재구성하는 작업

논리 도해

목적

그래,
바로 이거였어!

● 그림 1-6 정보 정리란, 생각을 정리하는 것

정보 정리는 누군가가 미리 정해둔 단 한 가지 정리 방법이 있는 것은 아닙니다. 실제로는 같은 정보를 정리하더라도, 방법은 다양할 때가 보통입니다. 어떤 방법을 사용할 것인지는 정리할 사람이 정해야 합니다. '이럴 때는 이렇게 하자!'라는 어느 정도의 기준은 있어도 정답은 없기에, 마지막에는 스스로 책임져서 과감하게 정리 방법을 정해야 합니다. 이때, 자기 의견이 없는 사람이라면 이렇게 하지 못합니다. 이전에 어떤 연수 모임에서 누군가가 "결국 어떻게 해야 하는 건가요? 이렇게 하면 잘된다는 확실한 방법을 알려주세요."라고 물은 적이 있는데, 그런 마법의 정답이 있다면 얼마나 좋을까요? 그러나, 누군가가 알려준 정답대로 따르는 것이 업무라고 생각하고 '아무도 정답을 모르는 문제를 어떻게 풀지 직접 결정하지 못하는 사람'은 이 벽에 부닥쳐 앞으로 나아가지 못합니다.

정보는 '다른 곳에서 얻는 것'이지만, 사고란 '정보를 바탕으로 자기 머리로 생각하여 만들어내는 것'입니다. 다시 말해, 정보 정리란 사실 사고의 정리 그 자체입니다. 스스로 생각하고 자신이 없더라도 과감하게 결정하는 습관을 기르세요. 이후부터는 이 책에서 정보 정리와 생각 정리, 사고의 정리 모두를 같은 뜻으로 사용합니다.

03 논리 도해는 그림으로 설명하지 않을 때도 효과적이다

논리 도해는 그림으로 설명하지 않을 때도 효과적이라니 도대체 무슨 소리인지 갸우뚱하는 사람도 있을 텐데, 알고 보면 간단한 이야기입니다(그림 1-7). 논리 도해의 본질은 다른 사람에게 보이기 전 먼저 자기 생각을 정리하는 **정보 정리**입니다. 이것이 가능하다면 채팅이나 이메일 등의 글을 이용한 의사소통에서도, 전화나 대면으로 이루어지는 의사소통에서도 이해하기 쉽게 자기 뜻을 전달할 수 있게 됩니다.

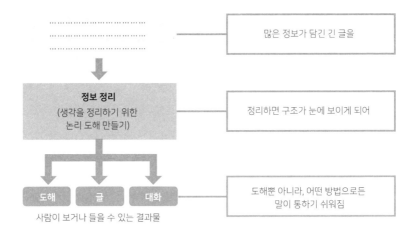

많은 정보가 담긴 긴 글을

정보 정리
(생각을 정리하기 위한
논리 도해 만들기)

정리하면 구조가 눈에 보이게 되어

도해   글   대화

사람이 보거나 들을 수 있는 결과물

도해뿐 아니라, 어떤 방법으로든
말이 통하기 쉬워짐

● 그림 1-7 정보 정리는 그림으로 설명하지 않을 때도 효과적이다

　실제 사례를 살펴봅시다. **그림 1-2**에 실린 물품 분실 사건의 원문을 **그림 1-3**과 같은 논리 도해로 만들 수 있을 정도로 정보를 정리했다고 합시다. 그럼, 구두(전화 등)로도 다음과 같이 설명할 수 있을 겁니다.

> 이 사건에는 고객과 팀장, 작업 담당자까지 3명의 관계자가 있습니다. 팀장이 고객에게 빌린 CD를 작업 담당자에게 전달하고, 작업 담당자가 작업을 끝내고 나서 팀장에게, 이후 팀장이 고객에게 반환하는 절차였으나 도중에 4가지 문제가 생겼습니다. 첫 번째 문제는 빌릴 때 정식 절차를 준수하지 않았다는 점입니다. (이하 생략)

　이를 **그림 1-3**과 비교하면 **관계자, 절차, 문제** 순으로 전체 개요를 설명하며 이야기를 진행한다는 것을 알 수 있습니다. 정보 정리를 제대로 했다면 그림으로 표현하지 않더라도 이처럼 내용을 전달할 수 있으므로, 글이나 말만으로 이루어지는 의사소통에도 도움이 되는 것입니다.

그림으로 설명하면 정보가 정리된다?

　지금까지 읽으면 '그림을 그리지 않아도 된다니 너무 과장하는 게 아닌가?'라고 생각했을지도 모르겠습니다. 통상적으로 정보 정리란, 논리 도해를 통해 이루어지므로 이 두 가지는 서로 떨어질 수 없기 때문입니다. 그러나 실은 논리 도해에 익숙해지면 머릿속에서 주요 구조를 떠올릴 수 있으므로 그림을 그리지 않더라도 말할 때나 글로 표현할 때 도움이 됩니다.

"익숙해지면 머릿속에서 주요 구조를 떠올릴 수 있다"니, 믿기지 않을 수도 있습니다. 하지만 이는 단순한 반복 경험 문제로, 몇 번 되풀이하다 보면 자연스러워집니다. 왜냐하면 '주요 구조'는 뜻밖에도 단순할 때가 흔하기 때문입니다. 예를 들어, **그림 1-3**은 **그림 1-8**과 같은 구조입니다.

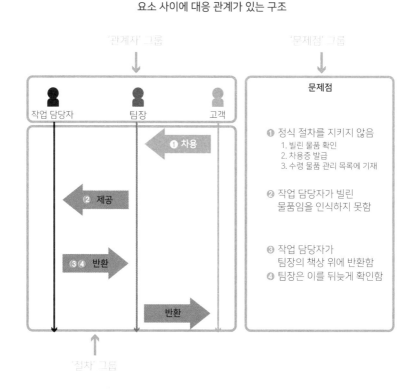

몇몇 '그룹' 안에 여러 개의 요소가 있으며
요소 사이에 대응 관계가 있는 구조

'관계자' 그룹

'문제점' 그룹

| 작업 담당자 | 팀장 | 고객 |

문제점

❶ 차용

❷ 제공

❸❹ 반환

반환

❶ 정식 절차를 지키지 않음
　1. 빌린 물품 확인
　2. 차용증 발급
　3. 수령 물품 관리 목록에 기재

❷ 작업 담당자가 빌린
　물품임을 인식하지 못함

❸ 작업 담당자가
　팀장의 책상 위에 반환함
❹ 팀장은 이를 뒤늦게 확인함

'절차' 그룹

● 그림 1-8 논리 도해의 구조는 뜻밖에 단순하다

전체는 관계자·절차·문제점 세 그룹으로 나뉘며, 각 그룹에는 몇 가지 구체적인 요소(예를 들어, '고객'이나 '차용')가 있으며 이 요소 사이에는 무언가의 대응 관계(예를 들어, '제공'은 팀장과 작업 담당자 사이의 절차이고 여기에 문제점 ❷가 있음)가 있습니다. 이처럼 구조는 그룹·요소·대응 관계라는 3가지 관점에서 바라볼 수 있을 때가 대부분입니다. 그리고 '대응 관계'의 기본은 관계가 있는 것을 세로 또는 가로로 일직선으로 정렬하는 것으로, 이 역시도 단순하므로 머릿속에서 쉽게 떠올릴 수 있습니다.

머릿속에서 정보를 정리할 때 생각의 흐름

실제로 머릿속에서 정보를 정리할 때 생각이 어떻게 흘러가는지를 살펴봅시다(그림 1-9).

몇 사람이 등장하는데…… **모두 몇 명**이지? 3명 맞지? 응, 그 외는 없어. 그럼 **'관계자' 그룹**이라 부르자.	반복해서 나오는 같은 종류 요소를 '모두' 찾음 그룹화하여 이름을 붙임
그런데 이 사람들이 **무얼** 한 걸까……? 빌릴 때의 절차를 지키지 않음, 직접 주고받지 않고 책상 위에 올려둠, 등이야.	동작(동사)에 주목
여기에 **'문제'**가 있네. '문제'란 업무 **절차** 도중에 일어날 텐데, 절차가 어떤지는 기록이 없네.	부정적인 정보에 주목
	표준 정보에 주목
절차를 명확히 하면 좋겠어. 여기서는 팀장이 고객과 작업자 사이에 있는 듯하니 차용, 제공, 반환, 반환 순이면 어떨까? …… 그래, 괜찮아 보이네.	부족한 정보 보충하기 하나의 흐름으로 만들기
빌린 물품이라고 인식하지 못했다는 것은 제공할 때 확실하게 언급하지 않았을 **가능성이 높으므로 '제공'과 관련한 문제**인 듯해. 책상 위에 둔 것을 뒤늦게 확인한 것은 작업 담당자가 팀장에게 반환할 때 생긴 문제이고.	대응 관계 추정하기

● 그림 1-9 머릿속에서 정보를 정리할 때 생각의 흐름

먼저 "몇 사람이 등장하는데…"라는 문장과 반복해서 등장하는 '같은 종류의 요소'에 주목해 주세요. 긴 글에는 많은 정보가 담겨 있고 보통, 그 안에는 몇 개의 같은 종류의 요소가 있습니다. 이를 발견했다면 같은 종류를 모두 찾습니다. 이번 예에서 '작업 담당자'가 후반부에 처음 등장하는 것에서 알 수 있듯이, 전체 개요를 의식하지 않고 쓴 긴 글(주변에서 보는 글 대부분이 그렇습니다.)에서는 같은 종류의 정보가 이곳저곳에 흩어집니다. 이를 모두 찾습니다.

찾았다면 이를 하나의 그룹으로 묶고 이름을 붙입니다. 그룹은 앞으로도 계속 등장하는 중요한 사고방식입니다. 그럴싸해 보이지만, 단순히 비슷한 것을 찾아 이름을 붙인 것뿐입니다. 철저하게 분류하라는 것뿐인데, 주변에서 보는 글 대부분은 이를 제대로 지키지 않습니다. 이번 예에서도 원문에는 '관계자'라는 이름이 없기 때문에, 여기서 이름을 붙여주었습니다.

다음으로 '무엇을 했는지'라는 동사에 주목합니다. 이번 예에서 처음 발견한 같은 종류의 정보인 '관계자' 그룹 요소는 고객이나 팀장 등의 명사였습니다. 하나의 문장은 주어(명사)와 술어(동사)로 이루어지므로 다음은 동사를 찾아야 합니다. 단, 처음 눈에 띈 같은 종류의 정보 그룹이 동사인 경우에는, 거기에 대응하는 명사를 다음으로 찾습니다. 요컨대 **명사와 동사는 하나의 집합**이라고 생각하세요.

'부정적인 정보에 주목한다'도 마찬가지로 자주 사용하는 관점입니다. 문제 발생 보고에는 "착각, 오해, 잘못된 조작, 피로, 불량품……" 등, 반드시 무언가 부정적인 정보가 있으므로 이를 찾습니다.

표준 정보란 예를 들어 "이 업무에는 A, B, C 공정이 있습니다"처럼 단순히 일반적인 것, 기준이 되는 것, 당연한 것을 설명한 정보입니다. 다음 예문을 봅시다.

계란말이 제조 라인 중 계란을 깨는 공정에서 계란 껍데기가 혼입되었다.

계란말이 제조 라인에서 계란을 깨는 공정은 반드시 있으므로 일반적이고 당연한데, 이것이 바로 **표준 정보**입니다. 그러나 '계란 껍데기가 혼입됨'은 당연하지 않은 **부정적인 정보**입니다. 문제 발생을 보고할 때는 이 예문처럼 표준 정보와 부정적인 정보가 하나의 집합일 때가 대부분임에도, 부정적인 정보만 포함하고 표준 정보는 생략하는 사례가 흔합니다. 실제로 이번 예문에서는 순조로웠다면 이런 흐름으로 진행했을 예정에 해당하는 표준 절차인 "차용, 제공, 반환, 반환"을 밝히지 않았습니다. 사실 표준 정보는 당연한 이야기인 만큼 쓰지 않아도 알 것이란 짐작 때문에, 생략되기 쉽습니다. 무엇이 표준인지를 아는 당사자 간의 의사소통이라면 큰 문제가 없으나 외부에 보고할 때라면 정보가 부족합니다.

이에 **부족한 정보**를 보충합니다. 표준 정보뿐만 아니라 다양한 부분에 부족한 점이 있는 것이 일반적이므로, 생략한 정보를 찾아 이를 더해 주세요. 부족한 곳을 채울 때 자주 사용하는 방법이 관련성 추정입니다. 이번 예에서는 "○○ 가능성이 높으므로 ~일 것이다."라고 추정했습니다. 이러한 관계성을 밝히지 않고 쓴 보고서도 무척 많으므로 추정할 수 있는 부분은 꼭 기록합시다.

대략 이런 과정을 거쳐 **정보 정리**를 수행하면 그림 1-3이 완성됩니다.

'와, 뭔가 너무 많이 있어서 어려워 보이는데······'라는 생각이 들지도 모르겠습니다만, 몇 번 반복하다 보면 자연스러워지므로 걱정하지 마세요. **부정적인 정보**나 **표준 정보**는 문제 발생 보고에서는 필수이고, 반복 등장하는 요소에 주목하여 그룹화하고 이름 짓기 작업은 문제 발생 보고뿐만 아니라 다양한 문서에 공통되는 내용입니다. 어느 쪽이든 몇 번 하다 보면 감을 잡을 수 있습니다.

다만, 처음부터 모든 것을 머릿속에 떠올리기는 어려우므로 그림을 그리면서 진행합시다. 이럴 때는 손으로 그리거나 프로그램을 활용하는 것이 좋습니다. 가장 흔한 프로그램으로는 마이크로소프트 파워포인트를 들 수 있겠지요.

원래 파워포인트는 프레젠테이션 슬라이드를 만드는 도구이다 보니 그리기 기능과 조작성 모두 조금은 불편하기는 해도 그럭저럭 쓸 만합니다. 프레젠테이션 슬라이드에 사용할 간단한 그림을 그리는 용도로는 충분합니다. 네트워크 구성도처럼 자세한 그림을 그리려면 마이크로소프트 비지오가 더 편하기는 하지만, 간단한 그림을 포함한 프레젠테이션 자료 20쪽을 만드는 데 몇 번씩 비지오와 파워포인트를 번갈아 가며 사용하기는 번거롭습니다. 이럴 때는 파워포인트만으로 만드는 것이 편하고, 설계도처럼 수십 쪽 이상의 네트워크 구성도를 그릴 때라면 비지오가 편할 겁니다.

IT 분야에서는 엑셀로 설계도나 설명서를 작성할 때도 흔한데, '오로지 엑셀 하나로 끝낸다.'라는 이유로 그리기 역시 엑셀로 해결하려는 경향이 있으나 아주 간단한 그림일 때를 제외하고는 엑셀은 추천하지 않습니다.

엑셀의 그리기 기능은 파워포인트와 마찬가지로 자세한 그림을 그리기에는 불편하다 보니 '한번 그린 그림은 더는 수정하지 않을 거야.'라는 생각이 들기 쉽습니다. 그러나 뒤섞이고 불분명한 정보로 자기 생각을 정리하고자 할 때는 세세한 수정이나 처음부터 다시 그리기를 몇 번씩 반복해야 합니다. 이럴 때는 무엇보다도 조작하기가 편해야 하므로, 엑셀이 아닌 파워포인트를 추천하는 바입니다.

04 정보 정리의 분명한 정의

여기서는 **정보 정리**가 무엇인지를 그림으로 설명합니다. 그림 1-10은 볼트와 와셔를 예로 들어 난잡한 상태와 정리된 상태의 차이를 표현합니다.

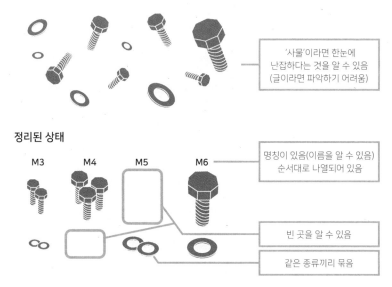

난잡한 상태

'사물'이라면 한눈에
난잡하다는 것을 알 수 있음
(글이라면 파악하기 어려움)

정리된 상태

M3   M4   M5   M6

명칭이 있음(이름을 알 수 있음)
순서대로 나열되어 있음

빈 곳을 알 수 있음

같은 종류끼리 묶음

• 그림 1-10 난잡한 상태와 정리된 상태의 차이를 표현한 그림

난잡한 상태는 한눈에 보더라도 정리되지 않았음을 알 수 있습니다. 이와 달리 정리된 상태에는 몇 가지 특징이 있습니다.

- **M3, M4 등의 명칭이 있으므로 특징을 알 수 있음** (참고: M4는 지름이 4mm라는 뜻)
- **3, 4, 5, 6… 번호순으로 나열함**
- **빈 곳이 눈에 띔** (참고: 원래 M5 볼트와 M4 와셔가 있어야 할 곳이 빔, 따라서 결품이 있음을 알 수 있음)
- **같은 사물이 여러 개라는 것을 알 수 있음** (참고: M4 볼트가 3개, M5 와셔가 2개)

정리된 상태라면 이러한 정보를 한눈에 알 수 있으나, 난잡한 상태라면 여기저기 흩뿌려져 있는 그림에서 하나하나 수고스럽게 세어야 합니다.

떠오르는 대로 적은 글은 난잡하다

이것이 **난잡**과 **정리**의 차이입니다. 모두 그런 것은 아니지만, 정리를 의식하지 않고 쓰여진 주변 문서 대부분이 난잡한 상태입니다. 사물이라면 한눈에 난잡하다는 것을 알 수 있으므로 정리의 필요성을 바로 알 수 있지만, 글이라면 이를 알 수 없으므로 개선 없이 난잡한 문장이 난무하고 있다는 것이 문제입니다. 그렇기 때문에 의식적으로 정보를 정리해야 합니다.

정보 정리와 사물 정리의 기본은 같다

여기서 그림 1-10을 그림 1-9와 비교하면 정보 정리와 사물 정리의 공통점을 알 수 있습니다.

- 반복 등장하는 같은 종류의 사물을 한곳에 모으기
- 빈 곳(부족한 정보)에 주목하기

이러한 공통점이 있습니다만, 차이점 역시 있습니다. 그림 1-10에서 보듯이 기계 부품 재고라는 사물 정리에서는 부정적인 정보나 표준 정보에 해당하는 것이 없으며 수행한 행동(동사)이라는 개념도 없는 것이 일반적입니다. 관련성 추정도 사물에서는 "M4 볼트에는 M4 와셔를 사용한다."처럼 단순하고 명료할 때가 대부분이므로 물품 분실 사건의 예에서 본 문제 정보를 이용한 관련성 추정보다 간단합니다.

'같은 종류의 사물을 한곳에 모으기'라는 가장 기본적인 공통점을 보더라도 사물에서는 M4 볼트처럼 같은 사물끼리 나열하기만 해도 이미 명칭이 정해지는 데 반해, '관계자'일 때는 고객, 팀장, 작업 담당자처럼 서로 다른 이름들이 등장합니다. 그러므로 "모두 사람이므로 관계자라고 부르자."처럼 추상화하여 이름을 붙이는 과정이 필요한데, 그리 쉽지만은 않은 작업입니다.

즉, 정보 정리는 사물 정리보다 어렵습니다. 이러한 정보 정리 능력을 기르려면 어떻게 해야 할까요?

보고서 첨삭을 반복하여 품질을 향상시키자

여기서 또 하나의 자료를 살펴봅시다. 필자의 고객 중 앞서 본 N 씨처럼 "사원이 작성한 업무 보고서가 이해하기 어렵다."라며 고민하는 회사가 있어, 언젠가 보고서 첨삭 지도를 한 적이 있습니다. 그 결과 보고서 품질은 몇 년 만에 현격히 향상되었습니다(그림 1-11).

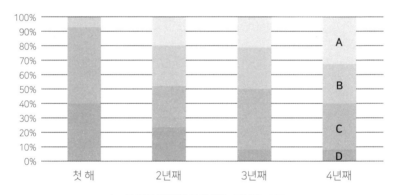

A 특별히 지적할 곳이 없는 본보기 수준
B 잘 쓰기는 했으나 일부 개선이 필요함
C 수정할 곳이 눈에 띔

출처: 아이디어 크래프트의 첨삭 지도 결과(2018 - 21)

● 그림 1-11 업무 보고서의 품질 평가 변화

그래프에서 A~D는 보고서 품질을 종합 평가한 지표로, 첫해는 0%였던 A 평가가 2년째에는 20%, 4년째는 30%를 넘었고 합격점이라 할 수 있는 **A+B** 합계도, 첫해 10% 이하였던 것이 2년째는 50%에 이르렀습니다.

이런 경험을 주변 컨설턴트에게 이야기했더니, "이런 종류의 첨삭 지도로 효과를 얻기는 어려웠을 텐데. 대단하네."라는 말을 들었습니다. 왜 효과를 얻는 것이 어려운지 묻자 "고칠 수는 있어도 논리화나 체계화는 어려우므로 사고방식 자체를 전달할 수 없다 보니, 좀처럼 이를 응용하여 스스로 무언가를 하려고는 않기 때문이지."라는 답을 들었습니다. 듣고 보니 확실히 짐작 가는 곳이 있었습니다. 이전에 어떤 관리직 직원에게 들었던 이야기 중 하나가 "엉망인 문서를 고칠 수는 있어도 제가 직접 고친들 무슨 의미가 있을까요? 스스로 할 수 없다면 말이죠. 그럼에도, 어떻게 가르쳐야 할지 엄두가 나질 않아요."였습니다.

그렇다면 이 회사에서는 어떻게 성과를 낼 수 있었던 걸까요? 그 이유로 생각할 수 있는 것이 바로 다음 4가지입니다.

- **1. 의식하기** 회사가 보고서 품질을 중요시한다는 것을 명확히 했다.
- **2. 체계화** 글쓰기 방법을 매뉴얼로 준비했다.
- **3. 관련성** 실제 업무에서 사용할 보고서로 첨삭 지도했다.
- **4. 교훈화** 첨삭을 지도할 때, 상징적인 명언과 그 실례를 사용했다.

첫 번째 **의식하기**는 대전제로, 이 회사에서는 알기 쉬운 문서 작성 능력을 중요시하고 이를 위해 시간과 비용을 투자했습니다. 미리 말해두지만, 돈만 들인다고 되는 것은 당연히 아닙니다. 이 사실은 "사원 연수를 시행해도 배운 내용을 현장에서 실천하지 못한다."라는, 인재 육성에서 흔히 발생하는 고민을 봐도 분명합니다. 정말로 필요한 것은 이를 진심으로 대하는 태도이지, 투자 자체를 늘리는 것이 아닙니다. 0에는 얼마를 곱하더라도 0입니다.

두 번째로, 업무 보고서를 쓸 때 참고할 **글쓰기 매뉴얼**을 필자가 제공했습니다. 결과적으로 이것이 **체계화**의 밑거름이 된 것이 아닐까 싶습니다.

세 번째, **관련성**은 실제 업무에서 사용하는 보고서로 첨삭 지도를 했다는 것입니다. 연수 내용을 실천하지 못하는 주된 이유 중 하나로, "배운 내용을 실제 업무 어디에 써야 할지 모르겠다."가 있습니다. 그러므로 처음부터 실제 업무에서 사용하는 보고서를 첨삭 지도하면서 그 관련성을 명확하게 했습니다.

네 번째 **교훈화**는 첨삭을 지도할 때 단순히 수정 방법을 제시하는 데 그치지 않고, 기억에 남을 수 있는 상징적인 명언과 그 실례도 함께 남기는 것입니다. 이렇게 했더니 '그러고 보니 그때 그것처럼 하면 되겠네.'라며 쉽게 떠올리고 수월하게 응용하곤 했습니다.

이미 작성한 업무 보고서를 첨삭 지도하므로 사원이든 상사든 부담이 없고, 마찬가지 이유로 업무와의 관련성이 분명하여 응용하기도 쉬웠으므로 효과를 볼 수 있었습니다(그림 1-12). 단, 이 방법은 실행하려면 회사 쪽에서는 어느 정도 부담을 감수해야 합니다. 누가 첨삭을 지도할지가 관건이기 때문입니다. 실제 업무 보고서로 지도하는 이상, 여기에 쓰인 내용을 이해할 수 없다면 효과적으로 첨삭 지도할 수 없습니다. 저는 원래 IT 기술자였기 때문에 소프트웨어 회사의 보고서에 등장하는 전문 용어를 이해했으므로 문제없었으나, 전문 지식이 없는 사람이었다면 첨삭 지도가 어려웠을 겁니다. 마찬가지로 필자 역시 예비지식이 전혀 없는 업계의 보고서라면 첨삭 지도하기가 어려울 겁니다. 게다가 실제 업무 문서를 다루므로 기밀을 지킨다는 서약도 필요합니다.

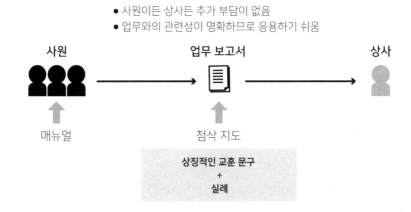

• 그림 1-12 직접 업무로 이어지는 첨삭 지도라면 더 효과적이다

이러한 부담은 있지만 분명 성과를 기대할 수 있으니, '우리 사원도 알기 쉬

운 문서 작성 능력을 길렀으면 한다.'라고 생각하는 분이라면 꼭 참고하세요.

글만 가득한 문서나 분류 없는 목록은 주의하자!

정보 정리 능력은 의식하고 단련하면 기를 수 있습니다. 그럼, 바로 이 능력을 기르기 위해서는 무엇을 해야 할까요?

먼저, 글만 가득한 문서나 분류 없는 목록을 조심해야 합니다(그림 1-13).

글만 가득한 문서란 분절 없이 몇 줄이고 계속 이어지는 글을 말하는 것으로, 기본적으로 빈 곳이 보이지 않을 정도로 지면을 채운 글이 이에 해당합니다. 흔히 보는 형식이다 보니, 이런 글이 왜 문제인지 모르는 사람도 많을 것입니다. 그러나 이러한 글에서는 정보를 정리하지 않은 상태라는 것을 알아채기 쉽지 않아, 더 나은 글로 개선되지 않는다는 단점이 있습니다. 분절과 제목이 있는 글이라면 문제는 덜합니다.

분류 없는 목록이란 글자 그대로 분류하지 않고 죽 항목을 나열한 것으로, 이런 글은 조심합시다. 제 경험을 토대로 말하자면, 5항목 이상의 목록이라면 대부분 기준에 따라 분류할 수 있습니다. 분류하면 파악하기 쉬워지는 경우가 대부분이므로, 예를 들어 10개 항목이 쭉 이어진다면 매우 위험하다는 신호입니다. 실무에서는 (5개 항목이라 말하고 싶지만) 6개 항목 이상의 분류 없는 목록을 사용하지 않도록 유의하면 좋겠습니다. 4개 항목 이하라면 정보량이 많지 않으므로 분류하지 않더라도 큰 문제는 없습니다.

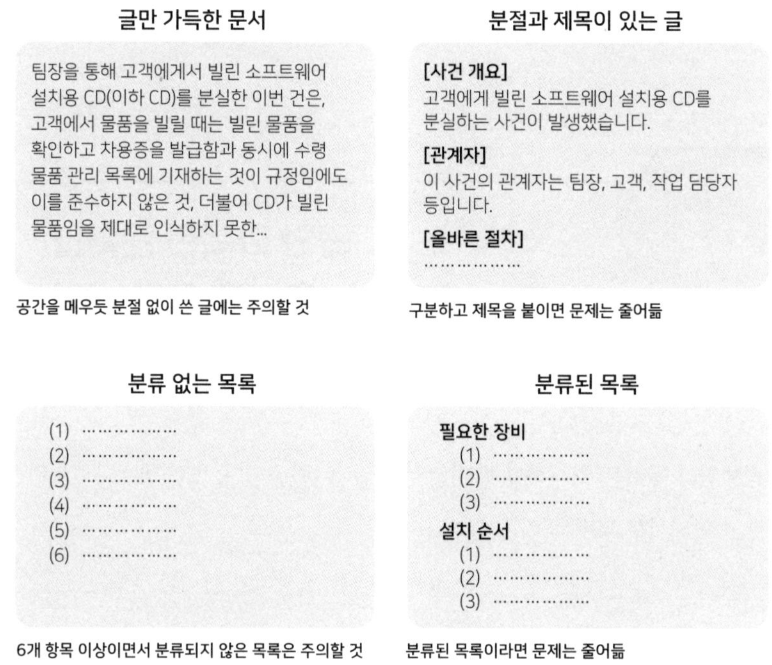

글만 가득한 문서

팀장을 통해 고객에게서 빌린 소프트웨어 설치용 CD(이하 CD)를 분실한 이번 건은, 고객에서 물품을 빌릴 때는 빌린 물품을 확인하고 차용증을 발급함과 동시에 수령 물품 관리 목록에 기재하는 것이 규정임에도 이를 준수하지 않은 것, 더불어 CD가 빌린 물품임을 제대로 인식하지 못한...

공간을 메우듯 분절 없이 쓴 글에는 주의할 것

분절과 제목이 있는 글

[사건 개요]
고객에게 빌린 소프트웨어 설치용 CD를 분실하는 사건이 발생했습니다.

[관계자]
이 사건의 관계자는 팀장, 고객, 작업 담당자 등입니다.

[올바른 절차]
……………

구분하고 제목을 붙이면 문제는 줄어듦

분류 없는 목록

(1) ……………
(2) ……………
(3) ……………
(4) ……………
(5) ……………
(6) ……………

6개 항목 이상이면서 분류되지 않은 목록은 주의할 것

분류된 목록

필요한 장비
  (1) ……………
  (2) ……………
  (3) ……………
설치 순서
  (1) ……………
  (2) ……………
  (3) ……………

분류된 목록이라면 문제는 줄어듦

● 그림 1-13 글만 가득한 문서나 분류 없는 목록이 되지 않도록 조심하자!

요약·구조·패턴을 생각한다

그림 1-14를 봐주세요. '저거랑 이거랑 그것도 있었네. 그러고 보니 이 이야기도……'라는 대목에서 알 수 있듯, 현실에서는 대부분 사람이 무언가를 쓸 때 우선 생각나는 대로 쓰고 필요한 내용은 얼추 썼으니, 완성이라고 생각하여 그 이상은 손대지 않고 다른 사람에게 보일 때가 흔합니다. 그러나 이 단계에서 만든 것은 **글만 가득한 문서** 또는 **분류 없는 목록**일 뿐, 완성이 아니라 '지금부터 시작할 정보 정리의 재료'에 지나지 않는다고 생각하세요.

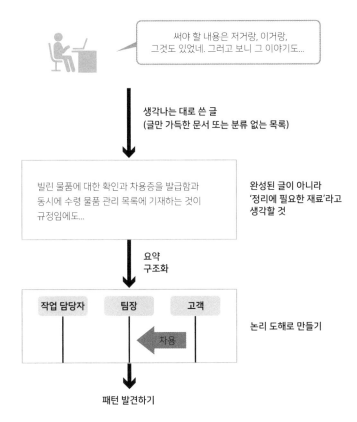

써야 할 내용은 저거랑, 이거랑, 그것도 있었네. 그러고 보니 그 이야기도...

생각나는 대로 쓴 글
(글만 가득한 문서 또는 분류 없는 목록)

빌린 물품에 대한 확인과 차용증을 발급함과 동시에 수령 물품 관리 목록에 기재하는 것이 규정임에도...

완성된 글이 아니라 '정리에 필요한 재료'라고 생각할 것

요약
구조화

| 작업 담당자 | 팀장 | 고객 |

차용

논리 도해로 만들기

패턴 발견하기

● 그림 1-14 요약, 구조, 패턴을 생각한다

이 재료를 이용하여 **요약**하고 **구조화**하여 논리 도해를 만든 후, 여기서 **패턴을 발견**하는 것이 바람직한 과정입니다. 이에 관해서는 잠시 후 자세히 설명합니다.

다른 사람의 의견을 구하고 이를 반영하자

글을 논리 도해로 만들었다면 다음은 이를 다른 사람에게 보이고 의견을 구하여 반영할 차례입니다. 글과 논리 도해를 모두 보여주고 "이렇게 정리하려는데 어떻게 생각하세요?", "이해하기 어려운 부분이 있다면 알려주세요." 등의 질문으로 의견을 구합니다. 자기 눈에는 잘 안 보이는 문제를 발견하려면 다른 사

람에게 보이는 것이 가장 좋습니다. 물론 사람에 따라서는 "다른 사람의 업무에 이러쿵저러쿵 말하고 싶지 않아요." 혹은 아무런 생각 없이 무조건 "좋네요!"라 말하는 유형이 있어, 참고가 되지 않을 때도 있습니다.

전자라면 "정보 정리 수준을 개선하고 싶어요. 부디 솔직한 의견을 말해 주세요."라고 진지하게 부탁하도록 합시다. 후자라면 개선에 참고는 되지 않을지언정 "좋네요!"라는 말을 들으면 기쁘기도 하고 자신감도 생길 겁니다. 길게 보면, 사람은 기쁜 일이나 즐거운 일, 자신있는 일만 하는 경향이 있습니다. 자기가 정리한 정보를 남에게 보이지 않는다면 자신감은 생기지 않습니다. 자신감이란, 다른 사람의 평가를 통해 비로소 얻는 것이므로 "좋네요!"라고 말하는 사람 역시 소중하게 생각합시다. 이와는 반대로 세상에는 항상 남의 흠만 찾으려는 사람도 있는데, 이런 유형은 그저 멀리하면 됩니다.

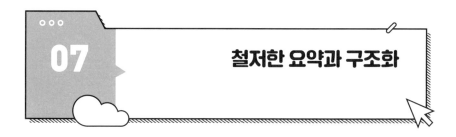

07 철저한 요약과 구조화

요약이란 **중요한 점을 짧게 표현한 것**입니다. 많은 정보는 좀처럼 전달하기 어려우므로 중요한 부분을 적절하게 판단하여 짧게 정리하고 이를 눈에 띄게 할 필요가 있습니다. 이렇게 드러난 부분에 흥미를 느낀다면 나머지 부분 역시 전달될 가능성이 커집니다.

그렇다면 다음 예문은 어떻게 요약하면 될까요?

> Rust는 C 언어를 대체할 목적으로 설계한 언어로, 2015년에 버전 0.1을 발표했으며 2023년 10월 기준, 최신 버전은 1.73.0입니다. Rust라는 이름은 '녹균'을 따서 붙여졌는데, 언어로서는 뛰어난 안정성과 빠른 속도를 자랑합니다.

후보는 다음 2가지입니다.

- 1. A: Rust의 설계 목표는 C 언어를 대체하는 것
- 2. B: Rust 언어의 특징은 뛰어난 안정성과 빠른 속도

이 요약은 둘 다 범주&요점이라는 형식이라는 점에 주의하세요(그림 1-15).

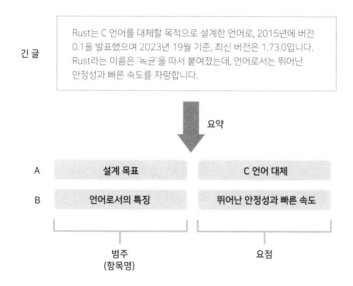

● 그림 1-15 요약은 범주와 요점으로 생각한다

　범주(category)는 이른바 **항목**에 해당하는 정보이고, 요점(summary)은 이 항목을 정리한 내용입니다. 그림에서 'Rust'라는 공통부분은 생략했습니다. 요약은 이러한 **범주와 요점**의 조합으로 이루어지는 경우가 매우 많으므로, 긴 글이 있다면 여기에서 몇 개의 **범주와 요점** 후보를 찾습니다. 이때, 흔히 접하는 것이 범주

를 나타내는 말이 원문에는 없는 경우입니다. 실제로 이번 예문을 읽어보아도 '특징'이라는 말은 없습니다. 이 단어 없이 "언어로서의"란 문구만으로는 범주(항목)가 되지 못하므로 이를 보충해야 합니다.

이처럼 범주에 해당하는 말이 생략된 경우는 실제로 아주 많으며, 글을 이해하기 어려운 큰 원인 중 하나입니다. 그저 읽기만 해서는 이를 눈치채지 못합니다. 범주와 요점을 구별하고 이를 요약해서 쓰고자 할 때 비로소 알게 됩니다. 범주와 요점은 2장에서 자세하게 살펴봅니다.

분류·병렬·순서의 구조를 찾아라

요약과 함께 중요한 것이 구조화입니다. 정보량이 많더라도 이 안에 잘 만들어진 구조가 있다면 이해하기 쉽습니다. 그러므로 어떤 분야에도 반드시 있는 가장 기본적인 구조 3가지를 알아두고자 합니다. 바로 분류·병렬·순서입니다(그림 1-16).

분류란 개별 요소에서 무언가 공통점을 찾아 하나로 정리하는 것입니다. 예를 들어, "빨간색, 녹색, 파란색은 빛의 삼원색입니다."라는 문장은 빨간색, 녹색, 파란색이라는 3가지 색을 빛의 원색이라는 공통점으로 정리한 것입니다. 분류에는 이 **공통점을 나타내는 이름**(예를 들어 빛의 삼원색)을 붙입니다. 단, 이 책에서는 앞으로 주로 그룹(분류 구조)이라는 용어를 사용할 것이므로 그룹 구조, 그룹화라고 하면 분류를 일컫는 것으로 이해해 주세요.

병렬이란 "빨간색 파장은 700nm 전후, 녹색 파장은 546nm 전후……"처럼 여러 대상을 공통 항목으로 평가한 정보를 나열하는 구조입니다. 정리할 때는 필연적으로 표 형식이 됩니다. 이 책에서는 이후 병렬, 병행을 뜻하는 영어 단어 Parallel에서 가져온 패러렐(병렬 구조)이라는 용어를 주로 사용하겠습니다. 또한, "빨간색에 대응하는 것은 700nm, 녹색에 대응하는 것은 546nm……"과 같이 표현할 수도 있으므로 **병렬** 대신 **대응** 구조라 부를 때도 있습니다.

순서란 "파장이 긴 순서대로 나열하면 빨간색, 녹색, 파란색 순이다."처럼 특정 기준에 따라 여러 대상의 순서를 정한 구조입니다. 그림 1-16에서는 빛의 파장을 기준으로 사용했으나 이외에도 인과 관계, 위치 관계, 시계열 등 다양한 지표를 기준으로 삼을 수 있습니다. 이 책에서는 앞으로 연속을 뜻하는 영어 단어 Series에서 가져온 시리즈(순서 구조)라는 용어를 주로 사용하고자 합니다.

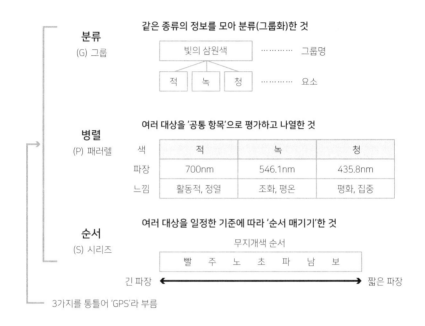

● 그림 1-16 분류(그룹), 병렬(패러렐), 순서(시리즈)

덧붙여, 일부러 영어를 사용하는 이유는 3가지 모두를 GPS라는 한마디로 표현할 수 있기 때문입니다. 범주&요점(Category&Summary)도 머리글자를 따 CS라 부를 수 있으므로 회사 내에서 공통으로 인식한다면 다음과 같이 간단하게 표현할 수도 있을 겁니다.

부하

전날 발생한 장애 보고서입니다.

고마워. CS와 GPS도 모두 정리했지?

상사

부하

네, 그렇게 했습니다!

몇 번씩 그때마다 떠올리도록 하려면 1초 만에 전달할 수 있는 짧은 말이 필요하므로 여기서는 **CS**, **GPS**처럼 줄임말로 표현할 수 있는 영어 단어를 사용하고 있습니다. 이처럼 짧은 말을 몇 번씩 반복하여 주의를 환기해야 할 정도로, **CS**와 **GPS**라는 사고방식은 중요합니다. 긴 글, 특히 정보량이 많을수록 반드시 그중 어딘가에서 이 **GPS** 구조가 등장하니 철저하게 찾아 구조화합시다.

그룹화, 철저하게 지키나요?

CS(**범주&요점**)와 GPS(**그룹·패러렐·시리즈**) 모두 그 이치가 단순하여 어려워 보이지는 않습니다. 대부분은 의식적으로는 아닐지라도 같은 형태로 정보를 정리해 본 경험이 있을 것이므로 정말 이게 전부인 게 맞나 싶을 것입니다. IT 업계에서 그림으로 설명하는 표현 방법은 순서도나 ER 다이어그램, UML 등 일상생활에서는 사용하지 않는 서식을 배워서 작성하는 것이 대부분인데, 이와 비교하면 **GPS**는 '이건 누구나 평소에 하는 거잖아?'라는 생각이 들 겁니다.

문제는 철저하게 하지 않는다는 데 있습니다. **GPS**의 원리는 단순하여 그 형태만 본다면 익숙한 그룹이고 표일 뿐입니다. 그러나 대부분은 바로 파악할 수 있는 부분을 표로 만든 것일 뿐으로, 눈치채기 어려운 그룹도 철저하게 찾아 구조화한 것은 아닙니다. 중요한 것은 바로 이 부분입니다.

철저하게 하지 않는 한 가지 원인을 꼽자면 의식적으로 추구하지 않기 때문입니다. 문서를 작성할 때, 많은 사람이 자기가 쓸 수 있는 것을 일단 글이나 목록으로 작성하는 것에서 끝내고 맙니다. 표로 표현하는 것이 더 좋겠다고 생각하며 표로 정리하려는 곳은 알기 쉬운 부분뿐입니다. 그러나 이는 잘못된 생각으로, 이곳저곳 구석구석 샅샅이 이 잡듯 뒤지며 의식적으로 철저하게 추구해야 합니다. 순서는 다음과 같은 흐름입니다.

- 1. 먼저, 그룹이 될 부분을 찾는다.
- 2. 그룹이 여러 개라면 이를 조합하여 표 형식(패러렐)으로 만들 수는 없는지 생각한다.
- 3. 그룹에 속한 요소에 순서를 매길(시리즈화) 기준은 없는지 찾는다.

여기서는 **그룹을 찾는 것**이 첫 번째 관문입니다. 얼핏 보기에 같은 종류가 아닌 듯한 요소가 실제로는 그룹이 되는 경우도 적지 않기에 의외로 어렵습니다. 그런데 철저하게 하지 않으면 이러한 뜻밖의 어려움 자체를 눈치채지 못합니다. 눈치채지 못하면 '안 해도 되겠지.' 생각해 버리므로, 정리하지 못한 글은 개선 없이 언제까지나 그 상태로 남게 됩니다.

08 자주 등장하는 동일 패턴을 응용하자

긴 글에 포함된 정보를 정리하여 **범주와 요점**을 표로 만들면 범주 정보는 같은 패턴이 여러 번 반복될 때가 흔합니다(그림 1-17).

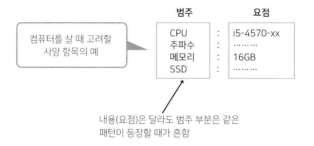

범주		요점
CPU	:	i5-4570-xx
주파수	:	………
메모리	:	16GB
SSD	:	………

컴퓨터를 살 때 고려할
사양 항목의 예

내용(요점)은 달라도 범주 부분은 같은
패턴이 등장할 때가 흔함

● 그림 1-17 범주 조합은 여러 번 등장하는 패턴

이 그림에서는 컴퓨터를 살 때 고려해야 할 사양 항목을 예로 들었는데, CPU나 메모리 용량이 **범주** 정보, i5-4570이나 16GB가 이에 해당하는 **요점** 정보입니다. 컴퓨터 기종에 따라 요점 부분은 달라지나 항목명인 범주 부분은 공통입니다.

그림 1-2에서 살펴본 물품 분실 사건에서는 **관계자·절차·문제점**이라는 패턴이 있었습니다. 관계자, 절차, 문제의 구체적인 내용은 서로 달라도 "여러 명의 관계자가 정해진 절차에 따라 업무를 진행하는 과정에서 무언가 문제가 발생했다."라는 패턴은 공통이므로 같은 형태로 정보를 정리할 수 있습니다.

즉, 패턴이란 몇 번씩 등장하는 같은 형태입니다. 계속 나오기 때문에 한 번만 이 패턴을 알아 두면 과거 경험을 응용하여 짧은 시간에 정리할 수 있습니다. 이때는 '아, 이 패턴은 자주 나오네. 앞으로도 계속 나오겠지?'라고 눈치채야 합니다. 그러려면 먼저 **CS**(범주와 요점)와 **GPS**(그룹, 패러렐, 시리즈)로 정보를 정리하는 것이 중요합니다.

패턴을 찾는 힌트는 **CS**의 C(범주) 또는 **GPS**의 G(그룹) 이름입니다. 범주 또는 그룹명 조합이 패턴이므로, **CS**와 **GPS**를 염두에 두고 철저하게 찾아 패턴을 발견하도록 하세요.

☒ 해당 업무의 고유 패턴을 직접 발견하자

패턴은 무척 종류가 많고 다양합니다. 예를 들어, 컴퓨터를 살 때라면 'CPU, 메모리……', 스마트폰이라면 '화면 크기나 무게, 카메라 성능……', 자동차를 살 때라면 '승차 인원, 규격, 연비……' 등 서로 전혀 다른 항목으로 구성됩니다. 그럼에도 이들 모두는 사물이므로 성능이나 크기 등 숫자로 표현할 수 있는 정보가 많습니다. 이와 달리, 이 장 앞부분에서 살펴본 물품 분실 사건이라면 '관계자, 절차, 문제'가 되고, 일반적으로 시스템 장애를 보고할 때는 '문제 발생 과정, 영향 범위, 원인, 잠정 조치, 장기 대응……' 등으로 이루어지므로 장면이나 상황에 따라 전혀 다른 패턴이 필요합니다.

이러한 패턴 중에는 업계나 직종, 회사와 관계없이 널리 사용할 수 있는 것도 있으며 이 책에서도 그중 일부를 소개합니다. 그러나 모두가 이에 해당하진 않고 특정 업무에서만 사용하는 것도 있는데, 이럴 때는 직접 찾아야 합니다. 쉬운 일은 아니나 여러 번 반복하다 보면 점점 짧은 시간에 응용할 수 있게 되고 업무 효율도 틀림없이 오를 겁니다. 조금씩이나마 스스로 발견하자는 의지로 노력해 봅시다.

★●● **정리**

- 정보를 정리할 때는 반드시 생각을 정리하고 직접 판단하도록 합니다.
- 글만 가득한 문서나 분류 없는 목록이 되지 않도록 주의합니다.
- **요약**(범주와 요점=CS), **구조화**(그룹, 패러렐, 시리즈=GPS), **자주 등장하는 패턴**을 찾습니다.

글쓰기 방법만 고민하는 건
무의미하다

'전한다'란, 어떤 주제에 관해 정보를 정리하고 표현하여, 수신자에게 전달하는 것

주 제	표 현	수 신 자
현실 세계	문서, 동영상, 음성	사람 · 기계
구성 요소 관계 구조	형식 양 매체	목적 사전 지식 변화

'글'은 표현의 일부일 뿐임

인터넷에 '읽기 쉬운 글을 쓰는 방법'과 같은 키워드를 검색해 본 적이 있나요? 얼마 전 검색했더니 문장을 짧게 쓰기, 문단 구분, 주어를 분명하게, 수식어와 피수식어는 한곳에 두기, 구두점을 적절하게 사용하기, 어미 맞추기 등이 눈에 띄었습니다. 모두 글쓰기에 도움이 되는 내용이지만, 알기 쉽게 전하려면 이것만으로는 충분하지 않으므로 조심해야 합니다.

전한다는 것은 특정 주제의 정보를 정리하고 표현하여 수신자에게 전달하는 것을 말합니다. **주제**란 다양한 구성 요소가 일정한 구조로 연결된 현실 세계의 무언가입니다. 스스로 이 주제를 정리하고 이해하지 못한다면 글로 표현할 수 없습니다. 그리고 더 나아가 그 글을 읽는 상대의 예비 지식이나 목적도 알아야만 올바르게 전해지는 표현이 가능한 겁니다. 문장을 짧게 쓰는 것이나 주어를 분명하게 등의 읽기 쉬운 글을 쓰는 요령은 표현의 일부인 '문서' 중에서도 또 한 부분일 뿐인 '글'에 한정된 이야기입니다. 요컨대, 주제가 불분명한 상태에서 글만 잘 써봐야 의미가 없습니다. 비유하자면, 글은 사진과 같은 것으로, 지저분한 방이라면 고화질로 촬영한다고 한들 방이 지저분하다는 사실만 전달할 뿐입니다. 먼저 주제를 분명하게 정리합시다. 글쓰기 방법은 이후에 생각해도 좋습니다.

긴 글 정리는 범주와
요점에서 시작한다

> "

문장을 짧게 정리하는 것이 필요한 대표적인 문서는 **보고서입니다.**
보고서를 쓸 때는 내용이 아무리 길더라도 이를 **3줄 정도로** 요약하는
습관을 들이도록 합시다. 이때 도움이 되는 것이 **범주와 요점**
사고방식입니다.

모든 보고서는 3줄로 요약한다

작업 진행 보고, 시스템 장애 보고, 사업 성장성 분석 보고 등 주제도 다양하고 명칭 역시 '보고'로 한정되진 않지만, 어떤 직장이든 **보고서**는 필요합니다. 보고서란 어떤 대상이나 사건에 관한 정보를 간결하게 정리한 서류를 일컬으며, 다른 사람이 읽고 원하는 용도나 목적에 따라 사용하리라 생각하고 쓴 글입니다.

먼저 일상 업무에 관한 보고서를 읽는 사람의 의식이 어떻게 흐르는지부터 알아봅시다(그림 2-1).

일상 업무란 말 그대로 날마다 수행하는 일로, 시스템 개발에 참여한 IT 개발자라면 팀원과의 회의나 프로그래밍일 것이고, 현장 개발자라면 고장 난 기기를 그 자리에서 수리하는 등의 문제 해결 활동이, 영업 사원이라면 예상 고객을 대상으로 영업 활동을 하는 일이 이에 해당합니다.

이런 종류의 일은 순조롭게 진행될 때는 "맡길테니, 잘 부탁해!"라는 말 정도로 끝나는 것이 보통으로, 관리자가 일일이 세부 상황을 확인하지 않아도 됩니다. 그러다 보니 보고를 받을 일이 생기면 우선 '뭔가 안 좋은 일이라도 생긴 걸까?'라며 신경을 곤두세우게 되지요. 한 기업의 대표인 제 지인은 이럴 때 "일단 나쁜 소식부터 알려줘! bad information first야!"라고 외친다고 합니다.

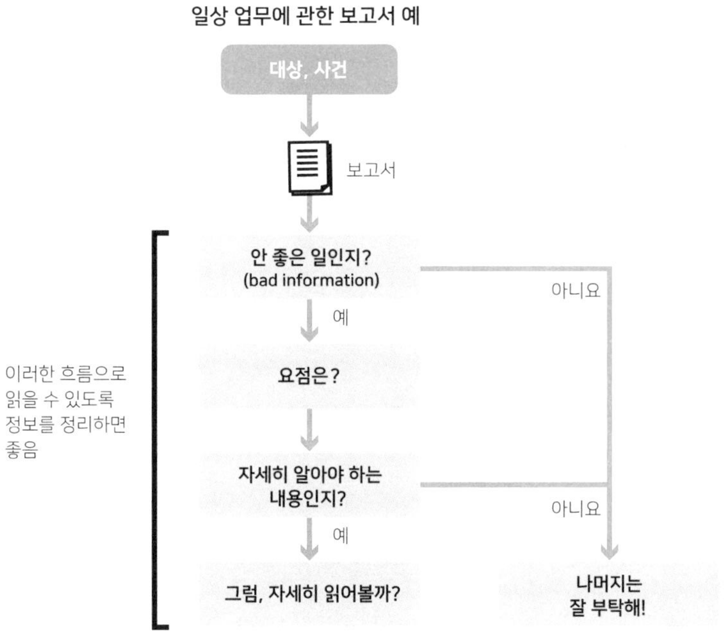

일상 업무에 관한 보고서 예

```
┌─────────────────┐
│   대상, 사건      │
└─────────────────┘
         │
         ▼
       ≣  보고서
         │
         ▼
   안 좋은 일인지?              아니요
   (bad information) ─────────────────┐
         │ 예                         │
         ▼                            │
      요점은?                         │
         │                            │
         ▼                            │
   자세히 알아야 하는                  │
   내용인지?        ─────────────────┤ 아니요
         │ 예                         │
         ▼                            ▼
 그럼, 자세히 읽어볼까?           나머지는
                                 잘 부탁해!
```

이러한 흐름으로
읽을 수 있도록
정보를 정리하면
좋음

• 그림 2-1 보고서를 읽는 사람의 의식 흐름

bad information(나쁜 정보)이 없는 일상 업무라면 "잘 부탁해!" 한마디로 끝
나므로 보고서를 읽지 않아도 괜찮습니다. 만일 bad information이 있다면 다
음으로는 요점은 무엇인지 생각하게 됩니다. bad information이라고 해도 사소
한 것부터 중요한 것까지 다양하므로, 요점만 읽고도 즉시 중요도를 판단할 수
있어야 합니다. 중요하다면 집중해서 읽기 시작하고, 그렇지 않다면 "나머지는
잘 부탁해!"로 끝냅니다.

그러면 실제 사례로서 한 업무 보고서를 살펴봅시다(그림 2-2).

[예문: S 프로젝트 업무 검증 보고]

S 프로젝트에서 채택할 예정이었던 새로운 업무 과정에 의거, 절차에 따라 데이터를 입력하고 수정 작업을 진행했습니다. 처음에는 절차에 불분명한 부분이 많아 절차대로 작업해도 마지막 확인 단계에서 오류가 발생하는 경우가 잦았습니다. 이대로는 입력 작업 공수가 예상보다 50% 늘어나리라 판단합니다. 자세히 조사해 보니, 작업 도중에 사소한 입력 실수가 잦았음을 알 수 있었습니다. 이러한 실수는 오류 검출이나 자동 수정 기능을 이용하면 줄일 수 있으므로 이 방향으로 대처할 예정입니다. 또한, 절차 매뉴얼 역시 보다 품질 향상이 필요하다고 판단했습니다.

bad information 처럼 보이지만, 끝까지 읽지 않으면 정말 그런지 정확히 판단할 수 없음

전체를 볼 때 '요점'을 알 수 없음

• 그림 2-2 요점을 알 수 없는 보고서 예

이는 어느 IT 기술자가 참여한 프로젝트 상황을 기록한 보고서입니다. "**처음에는 절차에 불분명한 부분이 많아~**" 대목은 언뜻 bad information처럼 보입니다. 이러한 나쁜 소식에서 "불분명한 부분은 해결했다."와 같은 문장이 어딘가에 있다면, 문제를 해결했다는 이야기므로 괜찮습니다. 그러므로 이것이 bad information인지는 보고를 끝까지 읽지 않으면 알 수 없습니다. 실제로, 이후 해결 방법과 함께 '**대처할 예정**'이라고 하므로 큰 문제는 아닌 듯합니다. 전체로 볼 때는 **요점**을 알 수 없는 글로, 읽는 사람의 부담이 큰 보고서입니다.

이를 해결하려면 시작 부분에 요약을 쓰는 것이 효과적입니다. 구체적으로 다음과 같이 쓰면 무엇이 문제인지, 그에 따른 나쁜 영향은 무엇인지, 예정하는 대책은 어떤 것인지 등을 한눈에 알 수 있습니다.

　요약 자체가 중요한 부분이므로 이를 먼저 제시하면 읽는 사람은 본문을 읽지 않고도 개요를 알 수 있습니다. 마지막으로 '자세히 읽어볼까?'라는 생각이 들면 이후 긴 본문을 읽고 그렇지 않다면 요약만 읽고 "나머지는 잘 부탁해!"라는 말로 마무리할 수 있으므로 매우 효율적입니다.

　이에 **모든 보고서를 3줄로 요약하기**를 목표로 합시다. 앞서 요약한 것처럼 3가지 목록 정리는 그 전형적인 예로, 목록 정리가 아닌 일반적인 문장도 괜찮으며 실제로는 1줄이든 5줄이든 상관없습니다. 요컨대, 중요한 부분을 골라 알기 쉽게 짧은 글로 표현하도록 합시다. 짧게 표현하려면 고를 수밖에 없고, 고르려면 스스로 문제를 올바르게 이해해야 하고 읽는 사람의 사정(읽는 목적이나 사전 지식) 역시 알아야 합니다. 이런 노력을 거듭하면 정보를 정리하는 힘을 기를 수 있으므로 짧게 표현하도록 합시다.

목표 모든 보고서는 3줄로 요약하자!

02 요약의 열쇠는 범주와 요점

다음으로, 앞서 설명한 요약 예제가 어떤 과정을 거쳐 만들어졌는지 자세히 알아봅니다. 여기서 범주(항목)와 요점이 다시 등장합니다(그림 2-3). 항목 이름을 명확히 하면 '무엇을 말하고 싶은지?'가 분명해지고 본문 중 중요한 부분만을 요점으로 줄이면 이를 확실하게 전할 수 있습니다.

범주	요점	본문 (원문 내용을 분해한 것)
A 업무 개요	a1 새 업무 과정 절차 검증	적용 예정인 새 업무 과정 절차에 따른 데이터 입력과 수정 작업
B 문제점	b1 불명확한 절차	절차 매뉴얼에 불명한 부분이 많음
	b2 오류 발생	절차대로 작업해도 마지막 확인 과정에서 오류가 발생하는 경우가 생김
	b3 입력 실수 발생	작업 도중 사소한 입력 실수가 발생함
C 나쁜 영향	c1 공수 50% 증가	입력 작업 공수가 예상보다 50% 늘어나리라 판단함
D 해결 방법	d1 절차 매뉴얼 보완	절차 매뉴얼의 품질 향상시키기
	d2 오류 검출 기능 추가	입력 오류 검출 기능 추가하기

요점 정보를 분류하여 붙인 항목명　　해결 방법과 함께 '본문' 내용을 축약해 표현

● 그림 2-3 범주와 요점을 이용해 정리하기

한눈에 알아볼 수 있도록 보고서 원문을 분해하여 [본문]에 정리했고, [요점]은 이를 간단하게 표현한 것이며 이를 다시 분류한 항목 이름이 [범주]입니다.

[B 문제점]에 정리한 b1~b3의 3가지 요점에서도 알 수 있듯이 여러 개의 요점을 하나의 범주로 정리하기도 합니다. 이렇게 범주와 요점을 정리하면 앞 절에서 살펴본 문제점, 나쁜 영향, 해결 방법 등의 3줄 요약은 간단하게 만들 수 있습니다.

요점을 잘 정리한 보고서는 어떻게 만들까?

신입 사원 연수에서는 흔히 업무 중 보고, 연락, 상담을 게을리하지 말라고 가르칩니다. **보고**는 비즈니스에서 중요한 기술이라 할 수 있습니다. 그리고 대부분 요령 있게 요점을 잘 정리하여 보고하려면 육하원칙을 명확하게 할 것을 가르칩니다. 그러나 요령 있게 요점을 잘 정리하는 것이 무엇인지, 어떻게 해야 하는지는 분명하게 밝히지 않은 채 구체적인 지침인 육하원칙만으로는 현실적으로 부족할 때가 흔합니다.

이번 예에서는 요약에 **문제점, 나쁜 영향, 해결 방법**이 등장하나 이는 육하원칙 중 어디에도 해당하지 않습니다. 육하원칙은 "어디에서 누가 무엇을 해서 무엇이 일어났다."처럼 일어난 사실을 알리고자 할 때는 도움이 되나 비즈니스 현장에서 흔히 보는 문제를 파악하여 해결 방법을 찾는 경우에는 어울리지 않습니다.

그러다 보니 "요령을 말하지만, 그 방법을 모르니 답답하다."라는 고민을 자주 듣습니다. 이 문제에는 즉시 효과가 있는 해결 방법이 없습니다. 그러나 **항상 범주와 요점을 염두에 두는 사고방식**은 실천에 이르기까지는 시간이 걸리나 효과는 확실하므로 꼭 습관을 들이기를 바랍니다.

즉각적인 효과가 있는 해결 방법이 없는 이유는 어느 정도 경험을 쌓지 않으면 범주와 요점을 중심으로 생각하기가 어렵기 때문입니다. 예를 들어, 이번 요약 예에서 본 문제점, 나쁜 영향, 해결 방법이라는 3가지 범주는 애초 보고서 원문에는 없는 용어입니다. 범주에 어울리는 말이 원문에 없을 때가 훨씬 더 흔하므로 이럴 때는 직접 적절한 말을 찾아야 하니 어렵습니다. 육하원칙처럼 '알아두면 언제든 사용할 수 있는 패턴'이 있다면 다행이지만, 살펴본 대로 이것이 통하지 않을 때가 더 흔합니다.

따라서 다음처럼 같은 종류의 정보를 그룹화하고 이에 적절한 범주 이름을 붙이는 과정이 있어야 합니다.

"b1, b2, b3은 같은 범주로 묶을 수 있겠네. 뭐라 부르면 좋을까? 쉽지 않은걸. 그렇지, '문제점'이라 부르면 될 듯해."

이렇게 해야 비로소 "응? 원문에는 '문제점'이라는 용어가 어디에도 없네? 그러다 보니 알기 어려웠던 거였네."라고 깨닫습니다.

이 과정을 다양한 문서를 대상으로 꾸준히 반복하다 보면 다음과 같은 사실을 실감할 수 있습니다.

"주변에는 범주 이름에 사용할 용어를 생략한 문서가 너무 많아!"

이것이야말로 읽기 어려운 글이 되는 주요 원인입니다. 이 원인을 알게 된 순간 여러분의 정보 정리 능력은 한 단계 발전합니다. 그러나 그러려면 다양한 문서를 대상으로 범주와 요점을 정리하는 경험이 있어야 하므로, 당장 1시간 후 제출할 보고서를 다듬어야 하는 급한 상황에서는 적용할 수 없습니다.

하나의 기준을 제시하자면, 글을 읽고 범주와 요점을 작성하는 작업을 3~10시간 정도 연습해 보길 바랍니다. 그럼 어느 정도 감이 생깁니다. 하루에 30분씩 연습한다면 1~3주 정도 소요될 겁니다. 어느 정도 시간이 걸리긴 하지만, 기술 향상이란 원래 이런 겁니다. 그 대신 한 번 기술을 익히면 힘들이지 않고 다양한 보고서의 요점을 정리할 수 있게 되므로 연습할 가치는 충분합니다.

덧붙여, 실제로 작업할 때는 가능한 한 **다양한 문서**를 사용하세요. **문제점, 나쁜 영향, 해결 방법**으로 요약할 수 있는 문서만 다루다 보면 그 외 패턴을 발견하는 눈은 기를 수 없습니다.

하나의 기준으로 하루에 한 번 작업하되, 예를 들어 이번 주는 장애 보고서, 다음 주는 다른 업무의 작업 절차서, 그다음은 직접 쓴 진행 보고서 등과 같이 1주마다 다른 유형의 문서로 시도해 보는 것이 좋습니다. 장애 보고서, 작업 보고서, 진행 보고서처럼 정해진 문서 종류라면 해당 문서 특유의 패턴이 있을 때가 흔한데, 1주 동안 같은 종류의 문서를 다루다 보면 패턴을 깨닫게 되기 때문입니다. 요약 패턴이 같은 문서 3건이면 최소한의 연습 경험 기준선은 넘은 셈으로, 일주일 동안 매일 한다면 5건입니다. 이를 2주간 계속하면 너무 길어지므로 주마다 주제를 달리하는 것이 바람직합니다.

03 범주와 달리, 요점은 구체적이다

범주와 요점을 구분하는 기준은 정보의 구체성입니다. 다음 2가지 예문을 비교해 보세요.

> **예문 1**
> S사의 신기술을 사용하면 차세대 반도체 생산 비용을 1/3로 줄일 수 있다.

> **예문 2**
> S사의 신기술을 사용하면 차세대 반도체 생산 리드 타임을 반으로 줄일 수 있다.

색으로 표시한 부분이 예문 1과 예문 2의 차이입니다. 이를 범주와 요점으로 분해한 결과가 그림 2-4입니다.

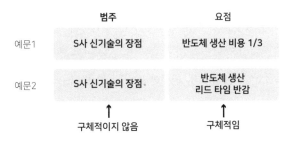

● 그림 2-4 [범주]와 달리 [요점]은 구체적임(1)

'S사 신기술의 장점'이라는 범주 정보를 보더라도 구체적인 장점이 무엇인지는 알 수 없습니다. 구체적인 정보는 [요점] 쪽에 작성합니다. 이렇게 하면 범주 정보가 다른 문서라도 형식은 공통일 때가 늘어나므로 응용하기 쉬워집니다. 다음 예문은 어떤가요? (그림 2-5)

예문 3

T사의 신형 센서는 크기는 절반이나, 비용은 20% 늘었다.

T사의 신형 센서 특징

범주	요점
크기	절반
비용	20% 증가

● 그림 2-5 [범주]와 달리 [요점]은 구체적임(2)

범주로 정한 '크기', '비용'에는 구체성이 없으므로 이 범주 그대로 구형 센서나 다른 회사의 센서에도 사용할 수 있습니다. 이와 달리 요점 정보는 구체적이므로 당연히 다른 제품이라면 그 내용도 달라집니다.

이렇게 보면 범주와 요점의 차이가 분명한 듯하지만, 실제로는 그렇지 않을 때도 있습니다. 다음 예문은 어떨까요? (그림 2-6)

예문 4

랜섬웨어란 악성 소프트웨어의 한 종류이다. 랜섬웨어는 사용자가 감염된 컴퓨터 시스템에 접속하지 못하도록 접근을 제한한다. 이와 함께 이 제한을 해제하는 데 필요한 몸값(랜섬)을 악성 소프트웨어를 만든 사람에게 보내도록 요구한다.

		범주	요점
A안	❶	분류	악성 소프트웨어의 한 종류
	❷	접근 제한	이용자가 감염된 컴퓨터 시스템에 접근하지 못하도록 접근을 제한함
	❸	몸값 요구	피해자에게 제한을 해제하는 데 필요한 몸값(랜섬)을 악성 소프트웨어 제작자에게 보내도록 요구

↑
'분류'는 다른 소프트웨어에도 통하나
그 외의 '접근 제한'과 '몸값 요구'는 랜섬웨어 고유의 정보

		범주	요점
B안	❶	분류	악성 소프트웨어의 한 종류
	❷	동작	이용자가 감염된 컴퓨터 시스템에 접금하지 못하도록 접근을 제한함
	❸	목적	피해자에게 제한을 해제하는 데 필요한 몸값(랜섬)을 악성 소프트웨어 제작자에게 보내도록 요구

↑
구체적인 정보를 없애 추상화 수준을 맞춤

● 그림 2-6 [범주] 정보의 추상화 수준 맞추기(1)

A안은 누군가가 이 예문을 범주와 요점으로 분해한 예입니다. 얼핏 보기에는 괜찮은 듯합니다. 그러나, [분류]는 다른 소프트웨어에도 통하는 일반적인 내용

이지만 그 외는 랜섬웨어 고유의 정보입니다. 그만큼 구체적이다 보니 추상화 수준이 서로 다릅니다. 이럴 때는 가능한 한 추상화 수준을 맞추도록 합시다.

B안은 이를 개선한 것으로, 범주 ❷와 ❸에서 악성 소프트웨어 고유의 정보를 없애고 [분류]에 추상화 수준을 맞추어 [동작], [목적]이라 했습니다. 이렇게 놓고 보면 [접근 제한]이나 [몸값 요구]는 구체성이 높은 정보이므로 범주가 아닌 요점에 해당한다는 것을 알 수 있습니다.

또 한 가지, B안의 범주에 있는 분류, 동작, 목적 등의 용어 3가지는 모두 요점 부분에는 등장하지 않는다는 점에 주의합시다. 반드시 그렇지는 않지만, 범주 용어가 요점에도 등장한다면 이번처럼 '추상화 수준이 맞지 않는다.'라는 문제가 생길 수 있습니다.

계속해서 혼동하기 쉬운 예 한 가지를 더 소개합니다(그림 2-7).

> **예문 5**
>
> 하데스 653은 델타 계통의 랜섬웨어이다. 이용자가 감염된 컴퓨터 시스템에 접근할 수 없도록 하이브리드 방식으로 암호화하며, 이 제한을 해제하고 싶다면 가상 화폐로 몸값을 내라고 요구한다.

	범주	요점
❶	계통	델타 계통
❷	접근 제한 방식	하이브리드 암호
❸	몸값 지불 방법	가상 화폐

↑
모두 랜섬웨어 고유의 범주

● 그림 2-7 [범주] 정보의 추상화 수준 맞추기(2)

예문 4와 많이 닮은 내용이나 예문 5에서는 [범주]에 '접근 제한'이나 '몸값'이라는 용어가 있습니다. 예문 4는 다른 소프트웨어와 랜섬웨어의 일반적인 차이를 설명하는 글이지만, 예문 5는 하데스 653이라는 특정 랜섬웨어와 다른 랜섬웨어의 차이를 설명하는 글이므로 이렇게 [범주]를 구성했습니다.

즉, 추상화 수준은 상대적인 것이므로 글 전체가 어느 정도 구체적 또는 추상적으로 설명하는지에 따라 범주로 사용할 추상화 수준도 달라진다는 점에 주의하세요. 이 역시도 범주와 요점을 분해하기가 어려운 이유입니다.

04 요점의 역할은 몰랐던 정보를 확정하는 것

"요점은 구체성이 높은 정보이다."라고 했는데, 이를 다른 말로 하면 **요점의 역할은 몰랐던 정보를 확정하는 것**이라 할 수 있습니다.

범주

하데스 653의 계통은…

지금부터 계통을 말하려는구나.

베타일까? 델타일까?

요점

델타입니다.

아, 델타였네.

● 그림 2-8 범주와 요점의 역할은?

"하데스 653의 계통은……"까지 들으면 '지금부터 계통을 말하려는구나.'라는 것을 알 수 있으나 이것이 구체적으로 알파인지 베타 또는 델타인지는 알 수 없습니다.* 이를 "델타입니다."라는 요점으로 확정합니다. 이처럼 몰랐던 정보를 확정하는 것이 요점의 역할이므로 충분한 정보로 확정할 수 있어야 합니다.

흔히 겪는 실수가 요점을 너무 간략하게 쓰는 바람에 확정에 필요한 정보까지 없애곤 한다는 점입니다. 이 점은 주의합시다. 한 예로, **그림 2-9**를 봅시다.

요점	의미
오류 검출 기능 추가	새로운 오류 검출 기능을 탑재하자 (확정할 수 있음)
오류 검출 기능	오류 검출 기능을…… 어떻게? (확정할 수 없음)
오류 검출 폐지	기존의 오류 검출 기능을 없애자 (확정할 수 있음)

● 그림 2-9 요점 정보를 너무 줄이면 '확정'할 수 없음

그림 2-9는 앞서 살펴본 'S 프로젝트 업무 검증 보고'의 범주와 요점 분해 예 (그림 2-3)에서 등장한 '해결 방법'의 일부를 수정한 예입니다.

요점이 '오류 검출 기능 추가'라면 '새로운 오류 검출 기능을 추가한다.'라는 뜻이라고 확정할 수 있으나 '추가'를 없애고 '오류 검출 기능'이라고만 쓰면 '추가? 폐지? 개량?' 등 다양한 가능성이 있으므로 뜻을 확정할 수 없습니다.

이와 달리 '기능'이라는 말은 없앨 수 있습니다. 예를 들어 '오류 검출 폐지'라 쓰면 '기존에 있던 기능을 없애려는 거네.'라고 추정할 수 있으므로 '기능'이라는 단어가 없어도 뜻은 확정할 수 있습니다.

범주와 요점을 간략하게 쓰는 것도 중요하나 그렇다고 해서 너무 짧으면 뜻이 통하지 않을 수도 있으므로 없애도 될 말인지는 신중하게 판단해야 합니다.

---

* 악성 소프트웨어는 하나의 원형에서 다양한 파생형이 생기는데, 이를 '계통'이라 부릅니다.

05 글에서는 범주를 생략하기 쉽다

앞서 살펴본 것처럼 범주와 요점 분해에서 범주로 사용할 용어가 원문에는 없을 때(생략할 때)가 흔합니다. 이는 정보 정리를 어렵게 하는 주된 이유의 하나일 정도로 중요하므로 다른 예로 한 번 더 설명합니다(그림 2-10).

* 그림 2-10 범주 정보를 생략해도 눈치채지 못함

40자도 채 되지 않는 문장 하나이므로 이를 읽고 어렵다고 느끼는 사람은 거의 없을 겁니다. 문법적으로도 문제가 될 곳은 없으며 약간 어색한 곳이 있을지는 모르나 대부분 '이 글에서는 범주를 생략했다.'고는 느끼지 못합니다.

구체적으로는 '큰 타격'이 도대체 어떤 범주와 관련한 정보인지를 알 수 없습니다. '전년 대비 30% 상승'은 '에너지 가격'과 관련한 정보이므로 범주와 요점 관계가 성립합니다. 그러나 '큰 타격'은 누구에게 타격인지가 분명하지 않습니다.

정보를 보충한다면 '**경제 부분에**' 큰 타격 정도일 겁니다. 또는 에너지 가격이 경영에 직접 영향을 주는 산업의 대표 격인 '**제조업 부문에**'라고도 할 수 있습니다. 이 모두 말을 추가하면 분명해집니다만, 생략하더라도 읽는 데 지장은 없으므로 깜빡하고 쓰지 않더라도 눈치채지 못하곤 합니다.

만일 요점을 생략한다면 이렇게 됩니다.

"현재 에너지 가격은 전년 대비 30% 올랐으며 이는 경제 부분에서입니다."

이는 누가 보더라도 부자연스러운 문장이므로 무언가 빠졌다는 것을 눈치챌 수밖에 없습니다. 이처럼 요점 생략은 좀처럼 일어나지 않지만, **범주 생략은 자주 일어난다**는 데 주의하세요. 요컨대 '본문에서 범주를 찾아볼까?'라고 하더라도 처음부터 없을 때가 흔하므로 직접 생각해 낼 수밖에 없습니다.

★ ● ● 정리

- 범주(항목명)와 요점으로 요약한다.
- 범주에는 구체성이 없다. 요점은 몰랐던 정보를 확정한다.
- 문장에서는 범주를 생략할 때가 흔하다.

글쓰기 방법보다,
주제가 무엇인지를 분명하게 하자

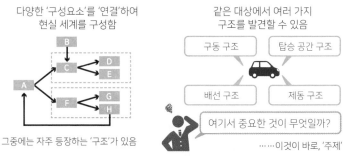

다양한 '구성요소'를 '연결'하여
현실 세계를 구성함

그중에는 자주 등장하는 '구조'가 있음

같은 대상에서 여러 가지
구조를 발견할 수 있음

구동 구조　　　탑승 공간 구조

배선 구조　　　제동 구조

여기서 중요한 것이 무엇일까?

……이것이 바로, '주제'

중요한 구조를 발견하고 이를 '표현'해야 함

현실 세계는 다양한 요소가 연결되어 이루어집니다. 그리고 그 연결 방법에는 같은 형태로 자주 등장하는 **구조**가 있습니다. 알기 쉬운 예로 건축 분야를 들 수 있는데, 기둥을 삼각형으로 배치하는 트러스 구조, 다리에 사용하는 아치 구조 등은 잘 알려졌습니다. 전기 분야를 살펴보아도 초등학교에서 배웠던 직렬 회로와 병렬 회로 등을 비롯해 여러 가지 구조가 있습니다. 물론 IT 분야에도 기록 매체에 사용하는 파일이나 디렉터리, 프로그래밍 언어의 분기, 반복, 클래스, 함수, 인수 등 이름이 있는 개념 모두에는 구조가 있습니다. 그리고 현실 세계에서는 하나의 대상에서 여러 개의 구조를 발견할 때가 보통입니다. 예를 들어, 자동차에는 구동, 제동, 배선, 탑승 공간 등 다양한 구조가 있습니다. 그러므로 무언가를 쓰거나 말할 때는 그중 어떤 구조를 표현하고 있는지를 분명하게 밝혀야 합니다. 이것이 **주제**입니다. 대체로 이 구조는 글로 알기 쉽게 표현하기가 쉽지 않으므로 주제를 명확히 하는 단계라면 글보다는 그림을 활용하는 편이 좋습니다.

복잡하게 얽힌 주제라면
GPS를 떠올리자

IT 개발자는 다양한 요소가 복잡하게 이어진 정보를 다룰 때가 잦으며,
이러한 정보는 범주와 요점으로 정리하기 어렵습니다. 이럴 때 도움이 되는
것이 정보 구조를 표현하는 그룹·패러렐·시리즈(GPS)라는 사고방식입니다.

복잡한 정보에는 반드시 구조가 있다

2장에서 살펴본 **범주와 요점** 사고방식은 여러 방면에서 도움이 되나 **구조**를 표현하는 데는 적당하지 않습니다. 여기서 구조란 복잡한 요소 사이의 관계를 말합니다.

한 예로 다음 **그림 3-1**을 보세요. 초등학교 과학 수업 시간에 배우는 직렬과 병렬로 전지를 연결한 회로입니다. 사용한 요소(전지, 전선)는 같지만, **연결 방식**이 다르면 움직임(전압)도 달라집니다. 이러한 **연결 방식**은 여러 가지 요소 사이의 관계를 표현합니다. 이와 달리 **범주와 요점** 표현에서는 '전지'나 '전선'이라는 요소로 따로 정리하므로 연결 방식은 알 수 없습니다.

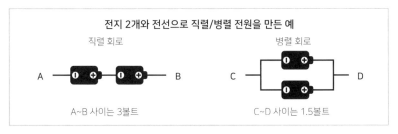

전지 2개와 전선으로 직렬/병렬 전원을 만든 예

직렬 회로   병렬 회로

A ━ ❶ ➕ ━ ❶ ➕ ━ B   C ━ ❶ ➕ ━ D
                                    ❶ ➕

A~B 사이는 3볼트   C~D 사이는 1.5볼트

같은 요소를 사용하더라도 '연결 방식'이 다르면 움직임도 달라진다.
이 연결 방식, 즉 **복수 요소 사이의 관계**를 '**구조**'라 한다.

범주와 요점 표현은 '요소가 무엇인지?'는 설명하지만,
'요소 사이를 어떻게 연결했는지?'는 설명하지 않는다.

범주/요점

전원: 전지 × 2개
전선: AWG24 전선

전지와 전선이라는 '요소'를 따로 표현하므로
어떻게 '연결'되는지는 알 수 없음

● 그림 3-1 **구조란, 여러 가지 요소 사이의 관계를 말한다**

또 하나의 예를 볼까요? **그림 3-2**는 허브를 통해 여러 개의 단말기를 라우터에 연결하여 인터넷에 접속할 수 있도록 한, 흔히 보는 홈 네트워크 **구성도**입니다. 이를 선이 없는 **범주와 요점**으로 표현하면 어떻게 연결되는지를 알 수 없습니다. IT 개발자에게는 이 세 가지 요소의 관계가 상식이지만, 기초 지식이 없는 사람이라면 **범주와 요점** 방식의 표현으로는 이를 이해할 수 없을 겁니다. 이와 달리 **구성도**는 선으로 표현하므로 어떻게 연결되는지를 한눈에 알 수 있습니다.

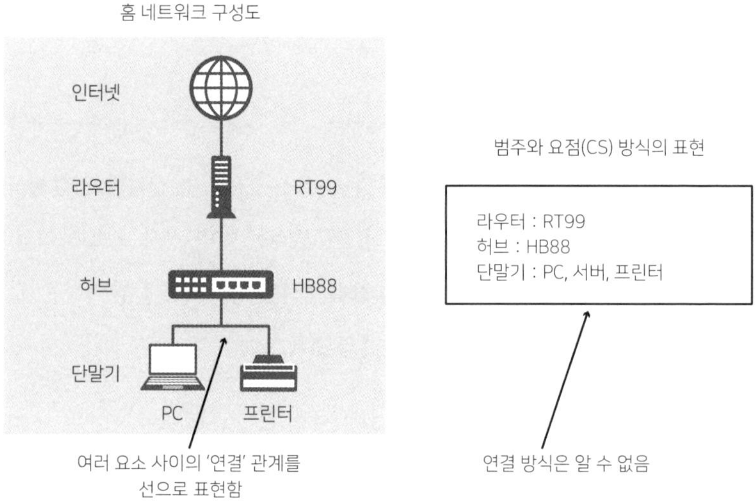

홈 네트워크 구성도

인터넷

라우터　　　　RT99

허브　　　HB88

단말기

PC　　프린터

여러 요소 사이의 '연결' 관계를
선으로 표현함

범주와 요점(CS) 방식의 표현

라우터 : RT99
허브 : HB88
단말기 : PC, 서버, 프린터

연결 방식은 알 수 없음

• 그림 3-2 요소 사이를 선으로 연결해 관계를 나타냄

구조를 표현하려면 요소 사이를 선으로 연결해야 하므로
'그림'이 더 적합합니다.

그림에서 사용할 아이콘이나 삽화는 어떤 것이든 상관없으며 중요한 것은 이들 사이를 이은 선입니다. 이것으로 **연결**을 표현하기 때문입니다. 마치 길을 안내할 때는 글로 설명하기보다는 약도를 그려 설명하는 게 나은 것과 마찬가지지만, 다시 한번 강조하고자 합니다. 그림을 그리지 않고 억지로 글이나 목록 정

리로 표현하려는 사람도 많기 때문입니다. 단순히 귀찮아서 그럴지도 모르지만, 다른 사람에게 무언가를 전달할 문서를 만들면서 오히려 전달력이 떨어지는 표현을 사용한다는 것은 논리적이지 못합니다. **구조를 설명할 때는 그림이 가장 어울린다**는 것을 명심하세요.

☑ IT 분야에서 더 많은 그림을 사용하지 않는 까닭은?

"기획서, 명세서, 사용 설명서 등을 장문의 글 위주로 구성해서는 안 될 것 같아요. 사원 모두가 알기 쉽도록 그림으로 설명했으면 합니다."

이는 지금까지 다양한 기업 연수에서 가장 많이 접한 고민입니다. IT 분야에서도 그림 설명이 충분하지 않았습니다. 100년 전부터 사용한 순서도뿐 아니라 ER 다이어그램(ERD)이나 UML(Unified Modeling Language) 등 IT 분야에서 사용하는 다양한 방법이 있고, 실무에서 이를 사용하고 있음에도 왜 현장에서는 아직까지도 **"장문의 글로 설명하는 것을 삼가야 한다."**라는 목소리가 끊이지 않을까요?

2가지 이유를 생각할 수 있을 겁니다. 첫 번째, **IT 분야에서는 '눈에 보이지 않는 구조'가 많다**는 점입니다. 지도나 회로도 등은 모두 현실 세계의 사물에 대응하므로 그림으로 설명하면 알기 쉽고 업무도 이 그림을 바탕으로 진행하는 것이 기본이었습니다. 이와 달리, IT 분야의 구조는 소스 코드로 구현하므로 눈에 보이지도 않고 그림으로 설명할 필요도 느끼지 못한 듯합니다. 순서도나 UML과 같은 그리기 기법도 소스 코드와 자연스럽게 연동하지는 못하므로 유지보수가 어렵고, 결국 점점 현실(소스 코드)과 동떨어져 누구도 참조하지 않게 되는 예를 자주 봅니다.

두 번째, IT 분야의 그리기 기법 적용 범위가 구현에 사용할 기술을 중심으로 하고, 사용하려면 알아야 할 규칙도 많습니다. 그러다 보니 **구현과 관련 없는**

분야나 기술자가 아닌 사람과의 의사소통에 사용하기는 어렵습니다.

　이 두 가지를 보면 "장문의 글 위주 구성만으로는 이해하기 어렵다."라는 말이 나올 만도 합니다. 그러나 언젠가는 해결해야 할 문제이므로, 지금부터는 그해결 방법을 살펴봅니다.

◿ 우선, 단순한 구조에 주목하자

　이에 이 책에서는 우선, 단순한 구조에 주목하는 방법을 추천합니다. 그 핵심은 1장에서 이미 살펴본 **분류**를 뜻하는 그룹(**G**roup), **표 형식**(대응 관계)으로 정리하는 패러렐(**P**arallel), **순서**를 매기는 시리즈(**S**eries)입니다. 이 구조는 모든 분야에서 볼 수 있으며 누구나 무의식적으로 당연한 듯이 사용하므로 따로 공부하지 않아도 금방 이해할 수 있습니다. 그럼에도, 제대로 사용하면 복잡한 정보도알기 쉽게 표현하는 엄청난 힘을 발휘하므로 꼭 사용해 보세요.

가장 단순한 구조는 GPS, 3가지

02

　그룹, 패러렐, 시리즈 중 가장 알기 쉬운 **구조**는 3번째 시리즈(**순서**, **S**eries)입니다. 그림 3-3을 봅시다. 이는 어느 회사의 업무 과정과 조직 구조를 정리한 예입니다. 구매한 원재료로 제품을 제조하여 출하한다는 과정은 순서가 중요하므로이를 변경할 수는 없습니다. 재료 없이 제조할 수 없고 제조하기 전에 출하할 수도 없습니다. 당연한 일이죠. 이처럼 **순서를 바꿀 수 없는** 구조가 시리즈입니다.

한편, 구매, 제조, 출하를 어디서, 몇 사람이 담당하며, 책임자는 누구인가 등의 정보는 과정마다 다르므로 일반적으로 표 형식으로 표현하는 패러렐(Parallel)에 해당합니다. 이 정보는 장소와 담당자 수의 행 순서를 바꾸어도 문제없습니다.

마지막으로, 이 표의 '책임자' 란에 있는 이름은 모두 '책임자'라는 같은 종류의 정보입니다. 같은 **종류의 정보를 정리한 것**이 그룹이므로 책임자, 담당자 수, 장소 등의 항목은 각각 그룹(**분류**, Group)입니다.

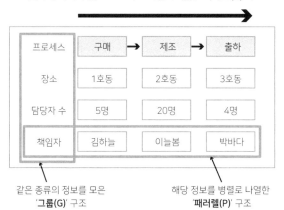

• 그림 3-3 그룹, 패러렐, 시리즈(GPS)

이렇게 보면 그룹(G), 패러렐(P), 시리즈(S) 구조는 하나로 이루어진다는 것을 알 수 있습니다. 어느 정도 정보량이 많은 문서의 정보를 정리해 보면 이처럼 하나로 나타내는 것이 좋을 때가 흔하므로 **그룹, 패러렐, 시리즈(GPS)는 하나의 집합**이라 생각하세요.

03

그룹: 같은 종류의 그룹을 발견하지 못하는 까닭은?

앞서 설명한 대로 그룹(G)은 특정 관점에서 같은 종류로 볼 수 있는 것을 찾아 하나로 묶은 구조입니다. 정보량이 많고 복잡하다면 찾기가 쉽지 않지만, 공통점을 발견하여 분류하고 이 공통점을 표현하는 이름을 붙이면 구분하기 쉬워집니다(그림 3-4).

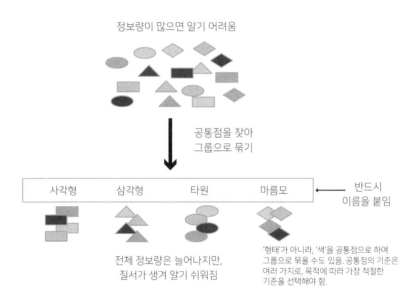

정보량이 많으면 알기 어려움

공통점을 찾아
그룹으로 묶기

| 사각형 | 삼각형 | 타원 | 마름모 |

반드시
이름을 붙임

전체 정보량은 늘어나지만,
질서가 생겨 알기 쉬워짐

'형태'가 아니라, '색'을 공통점으로 하여
그룹으로 묶을 수도 있음. 공통점의 기준은
여러 가지로, 목적에 따라 가장 적절한
기준을 선택해야 함.

• 그림 3-4 공통점을 찾아 그룹으로 묶기

이름을 추가했으므로 전체 정보량은 늘지만, 복잡했던 것이 질서 있는 상태로 바뀌므로 쉽게 이해할 수 있습니다. 알기 쉽게 하면서도 정보를 유지하고 싶을 때는 그룹으로 묶는 것이 가장 좋은 방법입니다.

특정 주제와 관련한 정보를 찾기 어려울 정도로 정보량이 많다 할지라도, 반드시 공통점은 있습니다. 그러므로 인내심을 갖고 찾길 바랍니다. 노력했음에도 찾지 못한다면 주제와 관련이 없는 정보가 섞이거나 목적이 분명하지 않을 가능성이 큽니다.

목적이 불분명하다는 것은 무슨 뜻일까요? 예를 들어, 다양한 동물 종류가 적힌 **그림 3-5**의 정보를 그룹으로 묶는다면 '개, 고양이, 앵무새'를 떠올릴 텐데 '원룸에서 반려동물을 기르고 싶다.'라고 생각하는 사람이라면 '대형, 중형, 소형'처럼 동물의 크기 정보가 먼저 떠오를 겁니다. 이때의 목적은 좁은 방에서 키울 수 있는 반려동물 찾기입니다. 이와 달리 '더운 지역 또는 추운 지역에서 반려동물을 키우고 싶다.'라는 사람이라면 동물이 더위나 추위에 강한지가 중요합니다. 즉, 정보에 포함된 개별 요소는 마찬가지라 하더라도 그룹으로 묶는 기준은 목적에 따라 달라지므로 목적을 정하지 않으면 올바른 그룹을 찾을 수 없습니다. 이런 이유로 그룹으로 묶지 못하는 경우가 생기곤 합니다.

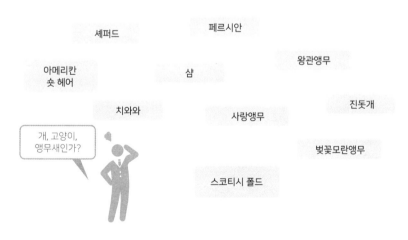

• 그림 3-5 다양한 동물 종류

▨ 그룹을 나타내는 형태는 중요하지 않다

　그룹 구조(G형 구조)는 분기형, 포함형, 기둥형, 중심형 등 다양한 형태로 나타낼 수 있으나 실은 형태는 어떤 것이든 상관없습니다(그림 3-6). 이보다는 **분명한 이름과 요소**가 더 중요합니다. 그러므로 다른 그룹과 혼동할 수 있는 이름을 짓지 않도록 어떤 요소가 어떤 그룹에 속하는지 명확히 합시다.

　어떤 형태로 할지 고민된다면 **분기형**이나 **포함형**을 사용하면 문제없을 겁니다. 몇 단계로 계층 구조를 만들고 싶을 때는 분기형이 다루기 쉽고, 여러 개의 요소를 한곳에 모으고 싶을 때는 **포함형**이 좋습니다. **기둥형**은 그림 3-6에서 보듯이 요소가, 그룹 이름에 해당하는 현상 혹은 대상물을 가속하거나 지원하는 관계를 나타낼 때 어울립니다. **중심형**은 자주 사용하는 형태이긴 하지만, 보충 정보를 추가하는 등의 가공이 어려워서 추천하지는 않습니다.

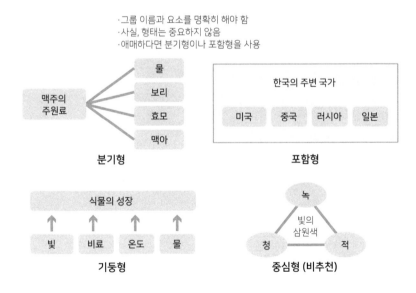

● 그림 3-6 그룹 구조(G형 구조) 형태의 예

04

패러렐: 표처럼 보이지 않는 패러렐 구조

패러렐 구조(P형 구조)는 기본적으로 **표 형식**입니다. 예를 들어, '휴대하기 편한 노트북 컴퓨터는?'이라는 주제를 생각할 때 몇 가지 후보 기종을 놓고 CPU, 메모리, SSD, 가격 등 같은 항목을 기준으로 성능을 비교하는데, 이럴 때는 정보를 표로 만드는 것이 자연스럽습니다. 즉, 여러 개의 대상을 비교할 때는 **같은 항목 정보를 병렬로 나열**하는 것이 일반적이므로 자연스럽게 표 형식이 됩니다. 이에 '병렬'을 뜻하는 영어 Parallel과 머리글자를 이용해 이 형태를 **패러렐 구조(P형 구조)**라 부릅니다.

원리는 간단하므로 누구든 쉽게 할 수 있을 터입니다. 그러나 보통은 표로 만들지 않는 정보라도, 실제로는 패러렐 구조이므로 표 형식을 머릿속에 둔 채, 구성하는 편이 좋을 때가 있으므로 주의하세요. 구체적인 예가 **그림 3-7**입니다.

절차를 항목 형식으로 쓰는 방법은 IT 업계뿐 아니라 어디서든 흔히 보는 형태입니다. 그러므로 아무런 의문 없이 사용할 때가 흔하나, 내용을 잘 살펴보면 하나의 패턴인 것도 있으므로 표 형식으로 정리하는 편이 이해하기 쉬울 때도 있습니다. 이 예에서는 항목 형식으로 쓴 카레 만드는 방법(**그림 3-7** 위)을 정리하면 '공정, 작업, 완료 조건'의 3가지로 나눌 수 있습니다(**그림 3-7** 아래).

【카레 만드는 방법(목록으로 구성한 절차 형식)】

·양파를 듬뿍 넣고 갈색이 될 때까지 볶는다.
·감자, 당근, 소고기를 한입 크기로 썰고 볶은 양파와 함께 소고기 색이
 변할 때까지 볶는다.
·물을 붓고 끓기 시작하면 거품을 걷고 나서 약한 불에 15분간 끓인다.
·불을 끄고 카레 가루를 넣고 다시 약한 불에서 10분간 걸쭉해질 때까지 끓인다.

【카레 만드는 방법(표 형식으로 보이지 않는 패러렐 구조)】

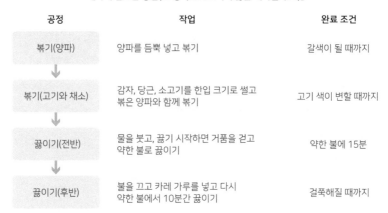

공정	작업	완료 조건
볶기(양파)	양파를 듬뿍 넣고 볶기	갈색이 될 때까지
볶기(고기와 채소)	감자, 당근, 소고기를 한입 크기로 썰고 볶은 양파와 함께 볶기	고기 색이 변할 때까지
끓이기(전반)	물을 붓고, 끓기 시작하면 거품을 걷고 약한 불로 끓이기	약한 불에 15분
끓이기(후반)	불을 끄고 카레 가루를 넣고 다시 약한 불에서 10분간 끓이기	걸쭉해질 때까지

● 그림 3-7 표처럼 보이지 않는 패러렐 구조(P형 구조)

▨ 논리 도해에서는 표 형식을 마치 '표'처럼 자주 사용한다

표 형식이라 하면 보통은 엑셀로 만든 표처럼 가로세로로 선을 그은 칸 안에 내용을 넣은 형태를 떠올립니다. 그런데 앞서 본 **그림 3-7** 아래의 '카레 만드는 방법(표 형식)'은 이와 달리 왼쪽 끝 한 줄을 순서도로 하고 오른쪽에는 보충 설명을 두므로 괘선이나 칸 형식은 아닙니다. 그러나 공정마다 작업 내용과 완료 조건을 열거하는 논리 구조는 **표 형식과 똑같다**는 점에 주의하세요.

이처럼 얼핏 봐서는 **표처럼 보이지 않는 표(패러렐 구조)**를 논리 도해에서는 자주 사용합니다. 경험을 보건대, 복잡하고 어려운 정보를 설명할 때 사용하는 논리 도해의 70~80%는 이처럼 실제로는 표 형식으로 구성합니다. 그러므로 정보량이 많을 때는 먼저, 표로 만들 방법은 없을지 생각하는 것이 빠른 방법입니다.

절차라고 해서 꼭 순서대로 볼 필요는 없다

절차의 각 단계를 항목으로 나누어 표 형식으로 만들면 목록 정리와는 달리, 단계별로 읽는 것 외에도 다양한 방식으로 활용할 수 있습니다. 예를 들면 **그림 3-7** 아래를 조금 수정하여 **그림 3-8** 형식처럼 만들면 '필요한 재료는?', '걸리는 시간은?' 등의 질문에 빠르게 답할 수 있으므로 재료나 시간에 제약이 있는 요리를 찾을 때 편리합니다.

가로 방향으로 각 단계를 읽으면 '절차'지만, 세로 방향으로 읽으면
'필요한 재료는?' '걸리는 시간은?' 등의 질문에 빠르게 답할 수 있음.

【카레 만드는 방법(표 형식)】

공정	재료	작업	완료 조건	소요시간
볶기 (양파)	양파	양파를 듬뿍 넣고 볶기	갈색이 될 때까지	(모름)
볶기 (고기와 채소)	감자, 당근, 소고기, 갈색으로 변한 양파	감자, 당근, 소고기를 한입 크기로 썰고 볶은 양파와 함께 볶기	고기색이 변할 때까지	5분
끓이기 (전반)	물	물을 붓고, 끓기 시작하면 거품을 걷고 약한 불로 끓이기	약한 불로 15분	20분
끓이기 (후반)	카레 가루	불을 끄고 카레 가루를 넣고 다시 약한 불에서 10분간 끓이기	걸쭉해질 때까지	10분

필요한 재료는?   걸리는 시간은?

• 그림 3-8 패러렐 구조는 여러 방향에서 볼 수 있음

이와 더불어 '소요 시간' 란 일부에 '(모름)'으로 표시한 항목도 한눈에 알 수 있습니다. 일반적으로 모르는 정보는 프로젝트의 위험 요인이지만, 목록 정리나 글 안에서는 이를 발견하기가 쉽지 않습니다. 항목으로 나누고 표로 만들면 모르는 점도 쉽게 알 수 있고 다른 사람에게 이를 전하기도 쉽습니다.

'이 정도를 표로 만드는 건 귀찮지 않나요?', '요리 레시피라면 대부분 필요한 재료는 처음부터 등장하고 소요 시간도 함께 표시할 때가 흔하니 충분하지 않아요?'라고 생각할지도 모릅니다. 물론 이것만으로도 충분할 수 있으나 항상 그렇다는 보장은 없습니다.

예를 들어, **그림 3-8** '볶기(양파)' 공정에서 '갈색이 될 때까지 볶기'에는 보통 1시간 정도 걸리는데, 이를 포함하여 카레 조리 소요 시간을 '약 2시간'이라 쓰면 시간이 너무 오래 걸린다며 많이들 포기할 겁니다. 그러나 실제로는 카레를 만들 때 '갈색이 될 때까지 볶기'가 꼭 필요하지는 않으므로 이를 생략하면 소요 시간을 반 이하로 줄일 수 있습니다. 이때 각 공정 소요 시간을 나누어 표시하면 '이 과정을 생략하면 1시간 정도 줄일 수 있겠네.'라고 알 수 있지만, 한꺼번에 표시하는 방식에서는 이런 판단이 어렵습니다.

▨ 잘게 나누어 정리한 정보는 읽는 사람이 생각하기에도 편하다

이 차이에서 알 수 있는 것은 읽는 사람을 배려하는지에 따라 적절한 형식이 달라진다는 사실입니다. 항목을 나눈 **패러렐 구조**(표 형식, P형 구조)라면 정보를 여러 방향에서 볼 수 있으므로 더하거나 빼거나 바꾸기도 쉽고 정보의 과부족도 쉽게 알 수 있으므로 다양하게 생각하려는 사람에게는 편리합니다(그림 3-9). 이와 달리 적힌 대로만 충실히 작업하기를 바라는 절차서라면 목록 정리만으로도 대부분 큰 문제는 없으며 이렇게 하는 편이 내용도 간단하고 작성하기도 편합니다.

적힌 대로만 작업해야 한다면 목록으로만 된 절차서도 문제 없음.
'생각'하는 데 필요한 재료라면 항목을 나눈 구조가 편리함.

● 그림 3-9 항목을 나누면, 다양하게 생각하려는 사람에게는 편리함

05 시리즈: 순서를 표시한 시리즈 구조

시리즈 구조(S형 구조)라는 이름은 '일련의 순서가 있는 것'을 뜻하는 영어 단어 시리즈(Series)에서 온 것입니다. 정보량이 많을 때는 가능한 한 특정 기준으로 순서를 정하고 그 순서대로 나열하도록 합시다. 예를 들어, 앞 절의 '카레 만드는 방법'은 절차이므로 간단합니다. 이와 달리 '노트북 컴퓨터 구매 후보 목록' 같은 것이라면 순서를 정하려 해도 '가격? 무게? 크기? 성능?' 등 후보가 여러 가지이므로 '순서를 정하는 기준'을 한 가지로 좁히기가 어렵습니다.

이럴 때일수록 어렵다고 포기하지 말고 '이번에는 휴대가 간편한 노트북 컴퓨터 목록이니 가벼운 순으로 나열해 볼까?'처럼 **목적에서 거꾸로 계산해 중요하다고 생각하는 기준을 정해야 합니다.** [3. 그룹: 같은 종류의 그룹을 발견하지 못하는 까닭은?] 절에서도 살펴보았듯이 목적을 분명하게 밝히지 않고 단순히 모은 정보를 나열하기만 한 문서를 자주 봅니다만, 이렇게 해서는 이해하기 어렵습니다.

요소에 순서를 매기는 이유는 크게 3가지입니다(그림 3-10).

- ❶ **빠지거나 중복된 요소는 없는지 확인할 수 있다.**
- ❷ **또 다른 그룹은 없는지 알 수 있다.**
- ❸ **목적을 정하는 데 도움이 된다.**

순서를 매기고자 하나의 기준(평가 축)을 정하면
그 축으로는 평가할 수 없는 '또 다른 그룹'을 알 수 있다.

● 그림 3-10 순서를 매기면 빠진 부분이나 '또 다른 그룹'을 알 수 있음

❶은 간단합니다. 예를 들어, 다음과 같은 수열을 봅시다.

- 수열 A: 5, 7, 2, 8, 6, 5, 3, 1
- 수열 B: 1, 2, 3, 5, 5, 6, 7, 8

이때 숫자를 순서대로 나열한 수열 B를 보고 '4가 빠졌고, 5가 중복으로 들어갔다'는 정보를 쉽게 알 수 있다는 뜻입니다. 정해진 기준으로 나열하면 빠진 부분이나 중복을 눈치채고 누락, 조사 부족, 잘못 등을 발견할 수 있으므로 정확성과 확실성이 중요한 문서의 질을 높일 수 있습니다.

❷는 일정한 기준을 적용할 때 그 틀 안에 포함되지 않는 것을 확인하는 것입니다. 예를 들어, 수송용 차량(트럭)이라면 경트럭, 2톤 트럭, 4톤 트럭처럼 적재량의 크기로 등급을 나눌 수 있으나 같은 기준을 승용차나 스포츠카에 적용하는 것은 누가 봐도 이상할 겁니다. 모두 자동차이긴 하지만, 트럭과 승용차는 서로 다른 **그룹**입니다. 물론, 그룹, 패러렐, 시리즈(GPS)의 G(그룹 나누기) 단계에서 이를 발견하면 좋으나 S(시리즈)를 고려할 때 처음으로 '아, 이건 다른 그룹이네.'라고 알아챌 때도 흔합니다.

❸은 앞선 [2. 가장 단순한 구조는 GPS, 3가지] 절에서 본 "목적을 정하지 않으면 딱 맞는 그룹을 찾지 못한다."와 비슷합니다. 이는 순서에서도 마찬가지로, 거꾸로 표현하면 "목적을 정하지 않았다는 것을 알게 되는 계기가 된다."라는 말입니다. 목적을 생각하지 않아도 쉽게 그룹을 찾을 때가 있습니다. 그러나 이럴 때도 순서를 매기는 단계에서 목적을 정하지 않았음을 깨닫곤 합니다.

목적을 정할 수 없을 때라면?

그렇다고는 해도 예를 들어, "○○ 자료 좀 만들어 줄래요?"라는 상사의 명령에 그 의도를 물었더니 애매한 답변만 돌아올 때 또는 불특정 다수가 읽을 자료로, 읽는 사람에 따라 목적이 달라지리라 예상할 때 등 현실적으로 목적을 정할 수 없을 때도 있습니다. 이럴 때는 자기가 가장 유력하다고 생각하는 목적을 설정하고 기준을 정한 뒤 이를 눈에 잘 띄는 곳에 따로 표기합시다.[*]

---

[*] 예를 들어, 노트북 컴퓨터 구매 후보 목록이라면 '휴대하기 편리한 노트북 컴퓨터를 선택하기 쉽도록 무게를 중시하여 골랐음' 등.

▨ 순서를 나타내는 다양한 방법

요소 사이를 화살표로 연결하는 방법은 순서를 나타내는 가장 흔한 방법입니다(그림 3-11 ❶~❸). 특히 순서도처럼 분기가 있을 때는 이 방법이 가장 명확합니다. 그러나 요소 개수가 많으면 화살표가 차지하는 공간이 쓸데없이 넓어진다는 단점이 있습니다. 이외에도 오각형 사용 방법(❹)이나 번호 붙이기 방법(❺), 진하기 조절 방법(❻)도 있습니다. 진하기 조절 방법은 절차를 표현하기에는 어울리지 않으나 '맛'이나 '고저(지형도)'와 같은 정보를 나타내는 데는 적당합니다.

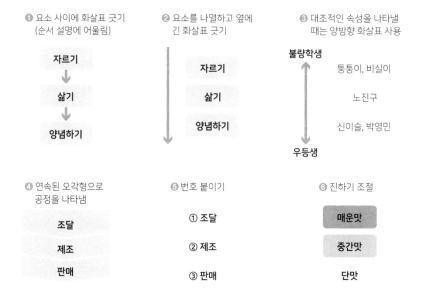

• 그림 3-11 순서를 나타내는 다양한 방법

06

논리 도해의 기본은
GPS(그룹, 패러렐, 시리즈)

지금까지 설명한 그룹, 패러렐, 시리즈(Group, Parallel, Series), 줄여서 GPS는 논리를 설명하는 논리 도해의 바탕입니다. 그 예로, 1장(그림 1-2)에서 본 '물품 분실 사건 조사 메모'를 GPS 관점에서 다시 보면 **그림 3-12**와 같습니다.

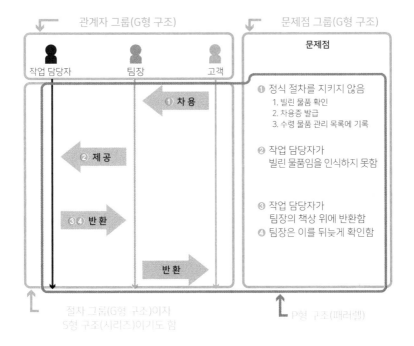

● 그림 3-12 논리 도해는 GPS의 조합이다

이처럼 관계자, 절차, 문제점이라는 3가지 그룹(G형 구조) 정보가 있으며 절차

그룹은 위에서 아래로 순서가 있는 S형 구조(시리즈)이고, 절차와 문제점은 서로 대응 관계이므로 P형 구조(패러렐)이기도 합니다.

도해는 정보를 이차원 평면에 배치한 것입니다. 이 배치의 전체 개요를 정하는 것이 GPS라고 생각하세요. GPS 구조를 바탕으로 배치하면 적어도 논리의 전체 개요는 전달할 수 있습니다.

참고로, 범주와 요점(CS)과의 관계를 덧붙이자면, '관계자, 절차, 문제점'이라는 단어는 범주이고 '작업 담당자'나 '차용', '정식 절차를 지키지 않음' 등의 정보는 요점에 해당합니다. 즉, **범주와 요점은 도해 안에 '무엇을 써야 하는가?'를 정하고 GPS는 '어떻게 써야 하는가?'를 정합니다.**

GPS는 매우 단순한 구조로 단순하기에 IT, 전기, 기계, 법률, 회계 등 어떤 분야에서도 찾을 수 있습니다. 즉, 어떤 분야에도 적용할 수 있는 사고방식이므로 복잡한 정보를 읽고 쓸 때는 반드시 GPS 구조를 염두에 두도록 합시다.

● ● ●　정리

- 복잡한 정보 안에서 단순한 구조(GPS)를 찾는다.
- 잘게 나누어 정리한 정보는 읽는 이가 여러 가지를 생각하는 데 도움이 된다.
- 그룹을 정하지 못하면 목적도 불명확해진다.

구조를 글로 표현하는 것은
적합하지 않다

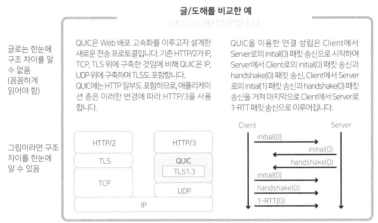

글/도해를 비교한 예

글로는 한눈에
구조 차이를 알
수 없음
(꼼꼼하게
읽어야 함)

QUIC은 Web 배포 고속화를 이루고자 설계한 새로운 전송 프로토콜입니다. 기존 HTTP/2가 IP, TCP, TLS 위에 구축한 것임에 비해 QUIC은 IP, UDP 위에 구축하며 TLS도 포함합니다. QUIC에는 HTTP 일부도 포함하므로, 애플리케이션 층은 이러한 변경에 따라 HTTP/3을 사용합니다.

QUIC을 이용한 연결 성립은 Client에서 Server로의 initial(0) 패킷 송신으로 시작하여 Server에서 Client로의 initial(0) 패킷 송신과 handshake(0) 패킷 송신, Client에서 Server로의 initial(1) 패킷 송신과 handshake(0) 패킷 송신을 거쳐 마지막으로 Client에서 Server로 1-RTT 패킷 송신으로 이루어집니다.

그림이라면 구조
차이를 한눈에
알 수 있음

HTTP/2	HTTP/3
TLS	QUIC
	TLS1.3
TCP	UDP
IP	

Client ─────────── Server
initial(0) →
← initial(0)
← handshake(0)
initial(0) →
handshake(0) →
1-RTT(0) →

즉, '구조'가 중요한 정보를 글로 설명해서는 전해지지 않음

"구조를 글로 표현하기는 어렵다."라는 말은 무슨 뜻일까요?

예를 들어, 길을 안내할 때 지도를 사용하지 않고 글이나 말로만 설명하기는 쉽지 않으리라고 쉽게 상상할 수 있습니다. 도로가 직각으로 교차하는 바둑판 모양이라면 그나마 덜하겠지만, 얽히고설킨 거미줄 모양의 도로나 굽은 도로가 많다면 쉬운 길 안내라고 해도 지도 없이 안내하기는 무척 어려울 겁니다.

전문 분야를 예로 들면 앞의 그림과 같습니다(위쪽은 글, 아래쪽은 도해). 왼쪽과 오른쪽 모두 'QUIC'이라는 새로운 프로토콜을 설명한 글로, 도해로 설명하면 전혀 다른 내용임을 한눈에 알 수 있으나 **글**이라면 전문 지식이 있어도 꼼꼼히 읽지 않으면 이해할 수 없습니다. **구조**는 건축의 트랜스나 아치 구조든, 전기의 직렬이나 병렬이든, 프로토콜의 스택이나 핸드셰이크든 이차원(또는 삼차원) 그림으로 표현해야 비로소 그 특징이 드러납니다. 글은 기본적으로 정보를 일차원으로 나열하므로 이차원 형태를 표현하는 데는 어울리지 않습니다. 이것이 이유 대부분을 차지하나 이러한 결정적인 차이가 있으므로 **구조가 중요한 정보를 설명할 때는 글에만 의존하지 말고 그림도 함께 활용합시다**(글이 필요 없다는 뜻은 아니므로 잘 구분해 사용합시다).

4장

논리적 사고의
기본을 이해하자

논리적 사고가 '논리적으로 생각하여 하나의 정답을 찾는 방법'이라고
생각한다면 오해입니다. 실제로 **논리적 사고(logical thinking)**는 쓸모없는
수많은 선택지를 효율적으로 제거할 때 사용하는 것이지 정답을 찾는
방법은 아닙니다.

01 논리적 사고란?

업무에서 이루어지는 의사소통은 **논리적으로 생각하고 설명해야 한다**는 점에서 가족이나 친구와의 일상 대화와 다른 측면이 있습니다. **논리적**이라는 말을 사용하는 장면을 예로 들면 다음과 같습니다.

> - 디버깅할 때 원인이 될 만한 가설을 적당히 생각나는 대로 말했더니 "그 원인이 어디서 어떻게 버그를 만들었는지, 논리적으로 설명해 주세요."라고 한다.
> - 사내 정보 공유 채팅방을 도입하자고 제안했더니 "다른 회사도 이용한다." 외에 채팅방이 어떤 이유로 사내 의사소통을 개선하는지를 논리적으로 설명하라고 했다.

이들 모두 2가지 사실 A와 B에 관해 "무엇이 어떻게 연결되는지를 설명하라."라고 요청하는 장면입니다.

다음으로, 무엇을 **논리적**이라 할까요? **사물을 체계적으로 정리하고 모순이나 비약 없이 이치를 밝힐 수 있다**면 이는 논리적이라 할 수 있습니다. '체계적'에서 '체(體)'란 여러 가지 요소를 공통 규칙에 따라 1개로 정리한 것을 말합니다. 예를 들어 반도체는 여러 가지 서로 다른 소재를 조합하여 전기를 스위칭하는 부품이라고 정리할 수 있으며, 사업체는 여러 가지 조직을 조합하여 하나의 사업을 진행하는 회사로 만든 것입니다. '체계적'의 '계(系)'는 계열, 계통, 가계 등의 단어에서 알 수 있듯이 여러 개의 요소가 실처럼 이어진 모양을 나타냅니다.

체계적으로 만든 것은 다른 사람이 그 연결을 따랐을 때 그대로라고 쉽게 확인할 수 있으며, 무언가가 잘못되었을 때도 어떤 부분을 바꾸면 될지 개선점을 찾을 수 있습니다. 이것이 가능하다면 **논리적**인 것으로, 문제를 해결하거나 의견을 제안할 때 필요합니다.

이 책에서는 logical thinking을 '논리적 사고'로 번역합니다. 더불어 '논리적 의사소통(logical communication)'은 논리보다도 의사소통을 강조한 표현이나 본질적으로 역할은 같으므로 따로 구분하지 않겠습니다.

논리적인 사고에도 정보 정리와 도해가 도움이 되는데, 그 이유는 무엇일까요? 이유를 알려면 먼저 문제 해결에서 문제는 크게 2종류로 나눌 수 있다는 점을 이해해야 합니다.

일반 법칙으로 이해할 수 있는 문제와 그렇지 않은 문제

첫 번째는 **일반 법칙으로 이해할 수 있는 문제**입니다. 일반 법칙이란 일반적으로 옳다고 인정하는 사고방식을 말합니다. 간단한 예로, "서울부터 인천까지 자동차로 가려면 연료가 어느 정도 필요할까요?"라는 질문이 있다고 합시다. 여기서 필요한 일반 법칙은 **연비** 정보입니다. 서울에서 인천까지의 거리는 약 30km 정도로, 자동차 연비가 10km/리터라면 약 3리터, 좀 넉넉하게 계산하더라도 4리터의 연료면 충분하다고 대답할 수 있습니다.

이처럼 **일반 법칙을 적용할 수 있는 문제**는 쉽게 대답할 수 있으나 모든 문제가 그런 것은 아닙니다. 자동차가 아니라 어느 시대, 어느 나라에서 만들었는지도 모르는 정체불명의 4륜차라면 어떨까요? 아마 연비 정보를 모르므로 필요한 연료의 양을 대답할 수 없을 겁니다. 이것이 두 번째인 **일반 법칙을 알 수 없는 문제**입니다. 이럴 때는 테스트 주행으로 연비를 측정해 봐야 할 겁니다.

따라서 논리적 사고가 필요한 순간은 일반 법칙 그 자체를 찾는 탐색 과정과 찾은 답을 선택하도록 상대를 설득하는 2가지 순간입니다(그림 4-1). 2가지 모두가 필요할 때도, 1가지만 필요할 때도 있으나 '답을 찾을 때까지'와 '찾은 후'라는 본질은 변하지 않는다는 점에 주의하세요.

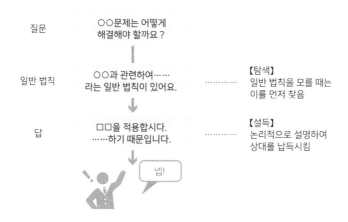

법칙을 찾는 탐색 단계와 상대를 납득시키는 설득 단계의
2가지 순간에, 논리적 사고가 필요함

• 그림 4-1 논리적 사고가 필요한 2가지 순간

논리적 사고에서 사용하는 정보 정리 방법

다음은 논리적 사고에서 자주 사용하는 정보 정리 방법을 알아봅시다. 이 역시 간단한 예로, "점심으로 뭘 먹을까?"라는 물음에 "김밥 먹자."라는 결론을 냈다고 합시다. 이유는 아마도 김밥이, 빠르게 나오고 저렴하며 맛있기 때문일 겁니다. 그렇다면 다음과 같은 논리 구조로 이를 표현할 수 있습니다(그림 4-2).

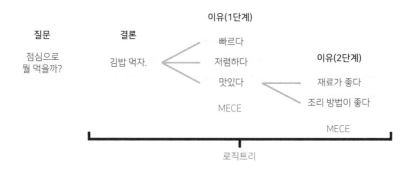

• 그림 4-2 논리적 사고에서 자주 사용하는 정보 정리 방법

누군가의 질문에 결론을 내리려면 간단하게 결론을 주장하고 그 결론을 낸 이유를 1단계로 대강 설명한 다음, 필요하다면 각각 2단계 이하로 깊이 들어가 더 자세히, 구체적으로 설명합니다(그림 4-2에서는 '맛있다'만 2단계로 표현했습니다). 자세한 설명은 잠시 미루고, 이처럼 결론과 이유를 분기하는 나무 구조로 나타내는 방법을 로직트리(logic tree)라 하며 각 분기 부분은 중복 없이 그리고 빠짐없이 분해해야 합니다. 이 **중복 없이 그리고 빠짐없이**가 중요한 사고방식으로, 이를 MECE[*]라 합니다. 논리적 사고를 다루는 강의에서는 대부분 이 로직트리와 MECE의 구조를 배웁니다.

이 로직트리는 잘 만들기만 하면 매우 도움이 되며, 누구나 무의식적으로 행하는 기본적인 사고방식처럼 보입니다. 얼핏 보면 단순한 '대분류, 중분류, 소분류……'라는, 흔히 보는 계층적인 분류 구조일 뿐으로, 원리 자체는 간단한 듯합니다. 그러나 실제로 해보면 생각처럼 잘되지는 않을 겁니다. 예를 들어, 점수로 환산했을 때 100점 만점에 50점 정도로 만들기는 쉽습니다만, 이것만으로는 실용성이 부족합니다. 하여 이를 80점 수준까지 끌어올리고자 하지만, 그건 전혀 쉬운 일이 아닙니다(그러다 보니 50점 수준에서 대충 끝낼 때도 흔합니다).

이처럼 어려운 로직트리를 잘 만들면 어떤 장점이 있을까요? 논리적으로 생각하거나 설명하는 것이 서툰 사람에게 "어떤 부분이 어렵다고 느낍니까?"라고 물었을 때 흔히 듣는 고민은 다음과 같습니다(로직트리를 만들지 않고 말로만 설명할 때의 어려움도 포함합니다).

- 말이 많아, 장황하다는 소리를 듣습니다.
- 놓친 부분이 있고, 듣는 사람이 오해하는 경우가 흔합니다.
- 설명에 비약이 있다는 소리를 듣습니다.
- 이야기를 잘 이어가지 못합니다.
- 하고 싶은 말이 입 밖으로 나오지 않습니다.
- 말이 서툽니다.

---

[*] Mutually Exclusive and Collectively Exhaustive(중복 없이 그리고 빠짐없이)의 머리글자를 딴 줄임말로, '미시'라 읽습니다.

실제로 이런 고민 대부분은 로직트리를 잘 만들기만 해도 해결할 수 있습니다.

말이 장황해지는 것은 불필요한 정보가 포함되기 때문입니다. 이는 대부분 로직트리로 만들었을 때 끝부분에 나오는 내용이므로 이를 이해한다면, "이건 지엽적이니 생략해도 되겠네."라고 판단할 수 있습니다.

"설명에 비약이 있다.", "이야기가 이어지지 않는다."라는 말을 듣는다면 나무의 계층을 건너뛰거나 계층이 뒤틀렸을 가능성이 큽니다. 말로는 이를 눈치채지 못하나 로직트리로 만들면 알 수 있습니다. 또한, 놓친 부분이나 오해가 있다.'라는 지적은 MECE가 충분하지 않았을 때 생깁니다.

"하고 싶은 말이 입 밖으로 나오지 않는다."나 "말이 서툴다."라는 말은 어휘력이 부족하거나 이를 말로 표현하는 데 서툴다는 뜻입니다. 로직트리로 만들때, 어휘력이 부족하여 이 부분을 채우지 못해 빈칸이 생기는데, 이는 눈에 잘 띄므로 적절한 단어가 무엇인지를 조사하는 계기가 됩니다. 이렇게 만든 결과 (로직트리)를 보면서 말하는 것이 아무것도 없이 말하기보다 훨씬 편하므로 이를 반복하다 보면 점점 말로 표현하는 데 익숙해질 겁니다.

답은 알지만 설명이 서툴 때는 질문·결론·행동 구조로 해결한다

답은 알지만 설명이 서툰 문제는 특정 업무에 경험이 많은 사람에게서 흔히 볼 수 있습니다. 어떻게 하면 되는지는 알지만 이를 관계자가 이해하도록 설명할 수는 없는 문제입니다. 자신의 직위가 높다면 "이렇게 하면 되니 이렇게 하면 돼요. 알았죠?"라고 명령조로 밀어붙이기도 하고, 저연차라면 의견을 주장하지 않고 '저 상사(고객)는 아무것도 모르면서 이것저것 불평만 하네……'라며 불만만 품기도 합니다. 이는 단순히 설명 방법을 모르거나 익숙하지 않기 때문일 수 있으므로 로직트리나 MECE 이전에 질문·결론·행동 구조부터 알아야 합니다.

논리적으로 생각해야 할 때가 언제냐고 묻는다면 답은 무언가 행동을 선택할 때라고 말할 수 있습니다. 보통은 **그림 4-3**처럼 어떤 배경에서 **질문**을 정하고, 생각을 통해 **결론**을 내고, 그 **결론(주장)**에 따라 **행동**을 정하는 과정으로 이루어집니다. 답은 알지만 설명을 못하는 사람은 이 과정 중 일부를 생략했을 때가 흔하므로, 이를 자세한 목록으로 정리하는 연습을 하세요.

주장이라는 용어는 일반적으로 "A는 비가 내릴 것이라 주장하고 B는 내리지 않을 것이라 주장한다."처럼 다른 의견이 서로 대립하는 경우에 사용합니다. 대립할 때 옳은 의견은 하나뿐일 때가 일반적이므로 **주장**이라는 용어를 사용하면 '옳은 의견이 아닐 수도 있다.'라는 인상을 줍니다.

이와 달리 **결론**이라는 용어는 논리적으로 생각할 때 당연한 것, 즉 '이것이 옳다.'라는 인상을 줍니다. 물론, "A와 B는 같은 사실에서 서로 다른 결론을 내렸다."와 같은 용법도 있으므로 이럴 때는 **결론**이라는 용어를 사용하더라도 당연히 이것이라는 느낌은 들지 않을 수 있습니다.

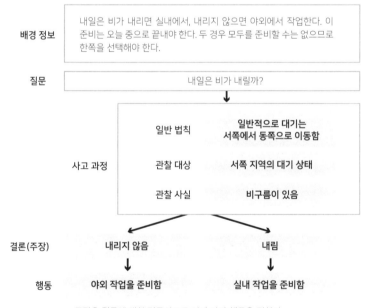

주장은 질문에 대한 결론이므로 이에 따라 행동을 정한다.
질문이 달라지면 사고 과정도 달라진다.

● 그림 4-3 질문, 결론, 행동의 관계

어느 쪽이든 **결론**은 **사고 과정**에서 나온다는 본질은 마찬가지지만, 이를 어떤 용어로 표현하는지에 따라 인상이 달라집니다.

인과 관계/독립 사건/종속 사건

그림 4-3에서는 **사고 과정**으로 일반 법칙/관찰 대상/관찰 사실 3가지를 들었습니다. 일반 법칙은 앞서 본 것처럼 '일반적으로 올바르다고 인정한 법칙'으로, 예를 들어 "물은 섭씨 100도에서 끓는다.", "가스가 샐 때 불을 켜면 폭발한다." 등이 이에 해당합니다. 일반 법칙의 전형적인 것은 인과 관계로, "(원인) 물을 가열한다."와 "(결과) 섭씨 100도에서 끓는다."의 조합이 좋은 예입니다(그림 4-4). 여기서 원인 쪽을 독립 사건, 결과 쪽을 종속 사건이라 부릅니다.

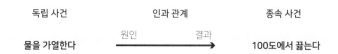

인과 관계란, 원인과 이에 따라 생긴 결과 사이의 관계를 말함

● 그림 4-4 일반 법칙의 논리 구조

인과 관계가 명확한 현상이라면 해당하는 **독립 사건**이 **관찰 대상**에서 일어나는지를 조사하면 **종속 사건**이 일어날지를 예측할 수 있습니다. 즉, 다음과 같이 생각이 흐릅니다. 여기서 ❷~❺번 부분이 **사고 과정**입니다.

- ■ ❶질문을 확정한다. ⇒ 내일은 비가 내릴까?
- ■ ❷일반 법칙을 정한다. ⇒ 내일 비가 내릴지 알고 싶다면, 대기는 일반적으로 서쪽에서 동쪽으로 이동한다는 법칙을 적용하면 되겠다.
- ■ ❸확인할 독립 사건을 정한다. ⇒ 서쪽에 지금 비가 내리는지가 문제다.
- ■ ❹관찰 대상을 정한다. ⇒ 서쪽 지역 대기 상태를 조사하면 되겠다.
- ■ ❺관찰 사실을 확인한다. ⇒ 지금 서쪽에 비구름은 없다.
- ■ ❻결론을 내린다. ⇒ 내일은 비가 내리지 않을 듯하다.

자연 현상과 관련한 일반 법칙은 이미 알려진 것을 활용하거나, 모른다고 하더라도 조사하면 알 수 있으므로 이 과정을 자주 사용합니다. 그러나 "6개월 뒤에 유행할 디저트를 알고 싶어."와 같은 예처럼 사람에 따라 의견이 다른 분야에는 일반 법칙이 없습니다(모르는 것이 아니라 조사하더라도 알 수 없습니다). 즉, **사고 과정**(고려해야 할 사항)은 질문 내용에 따라 많이 달라집니다.

항상 이 **일반 법칙/관찰 대상/관찰 사실** 패턴을 사용할 수는 있는 것은 아니지만, **논리적으로 생각**할 때는 이것이 가장 단순한 과정이므로 기본 중의 기본이라고 알아두세요. 즉, 다음과 같이 정리할 수 있습니다.

논리적으로 생각하는 것은
배경 정보, 질문, 일반 법칙, 관찰 대상, 관찰 사실,
결론, 행동을 명확히 하는 것이다. (단, 일반 법칙이 있을 때 한함)

업무 경험이 풍부하여 올바른 답을 찾을 수 있음에도 설명이 서툴러, 좀처럼 자신의 의견이 통과되지 않는 사람은 '이 정도는 당연히 알겠지.'라며 질문이나 사고 과정을 생략하는 경향이 강한데, 이럴 때는 글을 의식적으로 써보는 것도 효과적일 겁니다.

▨ 사고 과정이 복잡하다면 로직트리로 만들자

논리적 사고와 관련한 강의를 들은 적이 있다면 '논리적 사고'를 생각했을 때 바로, 로직트리가 강하게 떠오를지도 모릅니다. 앞서 이야기한 **질문·결론·행동** 구조에서는 사고 과정이 복잡해질 경우, 로직트리가 등장하는 일이 흔합니다. 예를 들어, 질문이 "내일 한라산 정상에서 사진을 찍을 수 있는지 알고 싶어."라고 합시다. 이를 실현하려면 '한라산까지 갈 수 있음, 등산 금지가 아님, 산을 오를 체력이 됨, 촬영 도구가 있음' 등 여러 가지 조건이 성립해야 합니다. 이런 상황의 조건 분해에 로직트리를 사용합니다(그림 4-5).

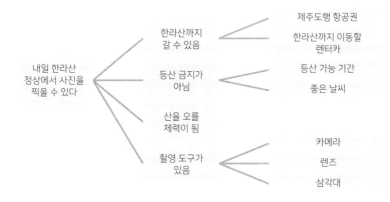

● 그림 4-5 복잡한 사고 과정은 로직트리로 만들기

이렇게 분해해 보면 나무 마지막 가지에는 일반 법칙이 오므로 다음은 각 관찰 사실을 바탕으로 '예, 아니요'를 판단하는 사고 과정이 됩니다. 이런 까닭에 로직트리가 중요하기는 하나 앞뒤로 **질문·결론·행동**이라는 구조가 있어야 비로소 의미가 있으므로 주의하세요.

▨ 나무 구조여야만 할까?

"논리 구조는 반드시 나무 형태여야만 하나요?"라고 묻는다면 답은 "아니요."입니다. 그러나 나무로 만든다고 손해(시간 낭비)를 볼 일은 거의 없으므로 **1단**

계만이라도 좋으니 5분이나 10분 정도 들여 간단하게 만들어 볼 것을 추천합니다.

사실 앞 질문은 1996년에 처음으로 로직트리와 MECE라는 방법을 접하고 "무언가 주장할 내용이 있다면 로직트리부터 만들어라."라는 말을 들었을 때 실제로 필자가 느꼈던 의문입니다. 당시 소프트웨어 업계에서는 초기 UML 정의나 디자인 패턴 등의 사고방식이 유행할 즈음으로, 필자도 이에 자극을 받아 소프트웨어의 복잡한 구조를 시각화(도해)하는 데 열중했었습니다. 그러다 보니 컨설팅 회사의 로직트리 중심주의라 할 수 있는 방식에 대해 '나무 구조만으로 모든 논리를 나타낼 수는 없잖아?'라며 의문이 들었던 것입니다.

이 의문 자체는 올바른 것으로, 나무 구조로 나타낼 수 없는 논리는 너무나 흔했습니다. 우리 주변에서 쉽게 접할 수 있는 사례를 예로 들자면, 그 어떤 전자 회로도 나무 구조가 아닙니다. 그러나 필자는 다양한 경험 끝에 **한계를 알고 사용한다면 실용적으로 가장 널리 사용할 수 있으며 비용 대비 성능이 높은 사고 정리 기법이 나무 구조**임을 깨달았습니다.

무언가를 판단할 때 고려해야 할 점이 너무 많다면 기준을 정해 이를 몇 가지 그룹으로 정리하여 넓게 바라보면 도움이 되는데 IT나 회계, 법률, 마케팅이든 어떤 분야에도 이 방법을 적용할 수 있습니다. 넓게 바라보는 방법에서는 당연히 어느 정도 정확도는 떨어질 수밖에 없으나, 오히려 이런 방법을 통해 '이 부분은 버려도 되겠네. 중요한 부분은 여기니까.'라며 직접 판단하여 문제를 나누는 것이 중요합니다. 정보를 버리려면 '이건 버려도 돼.'라고 판단할 수 있어야 합니다. 문제를 넓게 바라보며 깊게 이해해야 비로소 버릴 곳이 눈에 띕니다.

로직트리의 1단계를 만드는 의미가 이것입니다. 즉, 정보량을 한정하면 넓게 바라보고 깊게 이해할 수 있습니다. 그렇기에 로직트리는 어느 분야에나 사용할 수 있고 실용적이고 가장 비용 대비 성능이 높은 방법입니다.

⬚ 논리적이지 못한 주장이란?

지금까지 논리적으로 생각하고 설명하는 데 필요한 기본 사항을 알아보았는데, 이와는 반대로 **논리적이지 못한 것**은 무엇일까요? 다음 **그림 4-6**의 3가지 예문 중 논리적이지 못한 것을 골라보세요.

❶ 서쪽에서 비구름이 이동하므로 내일은 비가 내릴 듯하다.　　증거형

❷ 일기 예보에서 내일은 비라 하므로 내일은 비가 내릴 듯하다.　　권위의존형

❸ 내일은 비가 내릴 것 같은 느낌이 든다.　　비근거형

● 그림 4-6 3가지 주장 유형

그림 4-6은 무언가를 주장할 때 가장 흔하게 볼 수 있는 전형적인 3가지 유형이라 할 수 있습니다.

❶의 '서쪽에서 비구름이 이동'은 관찰 사실이므로 가장 논리적입니다(일반 법칙과 관찰 대상은 생략했으나 쉽게 추정할 수 있습니다). 이를 이 책에서는 **증거형**이라 부르겠습니다. ❷는 '일기 예보'라는 권위에 의존해 주장하므로 **권위의존형**이라 부르겠습니다. ❸은 아무런 근거도 제시하지 않았으므로 **비근거형**이라 부르겠습니다. 단, 발언자가 이 지역 날씨를 잘 아는 원로와 같은 인물이라면 이를 권위로 하는 **권위의존형**이라 할 수도 있을 겁니다. ❸은 누가 봐도 비논리적입니다. 이와 함께 ❷ 역시 비논리적입니다. 논리적이려면 다음과 같은 조건이 있어야 합니다.

그 논리가 올바른지를 제삼자가 검증할 수 있어야 한다.

서쪽에서 비구름이 이동하는지는 서쪽에 사는 사람에게 묻거나 관측소의 데이터를 보면 알 수 있으므로 제삼자가 검증할 수 있습니다. 생략한 일반 법칙과 관찰 대상도 '과거에 **제삼자의 검증**을 거친 올바른 법칙'이므로 검증할 수 있습니

다. 따라서 ❶은 논리적입니다. ❷는 권위 있는 사람이나 조직이 어떤 논리로 '내일은 비'라고 했는지 알 수 없으므로 검증할 수 없습니다. ❸도 마찬가지입니다.

당연한 이야기지만, **증거**는 제삼자가 검증할 수 있어야 비로소 증거 능력이 생기므로 검증할 수 있는 형태로 논리를 구성한 것이 **증거형**입니다. 물론 일반 법칙이나 관찰 대상이 분명하지 않을 때는 이를 명시해야 합니다. 기상청 일기 예보를 인용해 '내일은 비'라고 말했다면 대부분은 믿어도 좋으나 믿을 것인지와 논리적인지는 다른 이야기입니다. 예를 들어, '권위'가 말했다고 하더라도 증거가 없다면 논리가 분명하지 않으므로 논리적이라 말할 수는 없습니다.

논리적인 주장은 틀려도 쉽게 수정할 수 있다

제삼자가 검증할 수 있다는 것은 매우 중요한 점입니다. 이렇게 논리를 구성한 주장은 틀리더라도 쉽게 수정할 수 있으므로 악영향을 최소화할 수 있습니다 (그림 4-7).

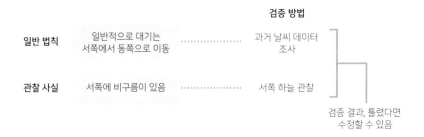

• 그림 4-7 검증할 수 있는 주장은 수정할 수 있음

최근, 의료나 건강과 관련한 과거 상식이 하나둘 바뀌고 있습니다. 예를 들어, 찰과상 등의 가벼운 상처라면 이전에는 소독하고 건조하는 것이 상식이었으나 지금은 일반적으로 소독하지도, 건조시키지도 않는 습윤 요법을 선택한다고 합니다. 필자가 어릴 때는 "감기에 걸리면 몸을 따뜻하게 하고 땀을 많이 흘려라."

라고 들었습니다만, 이제는 이 민간요법도 잘못된 것이라고 합니다. 옛날 운동부에서는 연습 중에 물 마시는 것이 금지였으나 지금은 "갈증을 느끼기 전에 물을 마셔라."라고 하며, 다리와 허리를 단련한다던 토끼뜀은 오히려 관절에 좋지 않다고 하고, 복근 운동 방식도 옛날에 비교하면 전혀 달라졌습니다.

요컨대 오랫동안 옳다고 생각했던 방식이 실은 그렇지 않았던 예가 많았던 것으로, 이들 대부분은 '옛날부터 그렇게 했으니까', '다른 방식을 모르니까', '업계 권위가 그렇게 말하니까' 등의 이유로 검증하지 않은 채 사용해 왔습니다.

검증하지 않고 틀린 채로 오랫동안 이어지거나 업계의 권위라는 함정에 빠지곤 했습니다. 때문에 **사고 과정은 검증할 수 있는 형태로 구성**해야 합니다. 그러려면 권위의존형이나 비근거형이 아니라 **증거형**이어야 합니다. 즉, **논리적이어야 합니다.**

02 논리적 사고는 효율적으로 꽝을 뽑는 방법

앞 절에서는 일반 법칙이 있을 때의 논리적 사고 기초를 살펴보았습니다. 이번에는 일반 법칙이 없을 경우를 생각해 봅시다. 먼저, 논리적 사고에서 흔히 보는 오해와 사실 몇 가지를 소개합니다.

- ▪ **오해** 논리적으로 생각하면 올바른 답을 찾을 수 있다. 논리적 사고는 이를 위한 방법이다.
- ▪ **사실** 논리적으로 생각하더라도 올바른 답을 찾지 못할 수 있다. 그러나 누가 봐도 틀린 것을 쉽게 알 수는 있다. 논리적 사고는 효율적으로 중복 없이 수많은 꽝을 뽑는 방법이다.

사실, **일반 법칙이 없는 문제**에서는 논리적으로 생각해도 올바른 답을 찾을 수 없습니다. 그럼에도, 논리적으로 생각하는 것은 의미가 있습니다. 왜일까요? 몇 가지 수식을 살펴봅시다. 여러분 모두가 알만한 이차방정식입니다. 근의 공식은 몰라도 됩니다. 계산은 안 할 테니까요.

그럼, 중학교 수학 시간에 배웠던 이차방정식을 다시 떠올려 볼까요? (그림 4-8)

문제: 다음 이차방정식을 만족하는 x의 값을 구하라.

$$3x^2 + 6x - 2 = 0$$

【풀이 1: 시행착오 방식】
x값을 조금씩 달리해 대입해 보면……

x	$3x^2 + 6x - 2$
0	-2
0.1	-1.37
0.2	-0.68
0.25	-0.3125
0.29	-0.0077

⋮

시행착오를 거듭해도
좀처럼 답을 구할 수 없음

【풀이 2: 공식 사용】
근의 공식을 사용하면

$$x = \frac{-b \pm \sqrt{b^2 - 4ac}}{2a}$$

그러므로…

$x = $ **0.290994449**
$x = $ **-2.290994449**

시행착오 없이 한 번에
답을 구했다!

• 그림 4-8 공식이 있다면 한 번에 답을 구할 수 있지만, 그렇지 않다면 시행착오를 겪어야 한다

수학 시간에 자주 보는 이차방정식 문제로, 수식을 보자마자 머리부터 아픈 사람도 있을 겁니다. 그림에는 2가지 풀이가 있는데, 왼쪽의 'x 값을 조금씩 달리해 대입'하는 방법에서는 시행착오를 거듭하더라도 좀처럼 답을 찾지 못하지만, 오른쪽의 공식을 사용한 방법에서는 한 번에 정확한 답을 구할 수 있습니다.

논리적 사고가 오른쪽 방법처럼 시행착오 없이 올바른 답을 찾는 방법이라고 생각한다면 오해입니다. 논리적 사고란, 사실 **효율적으로 시행착오를 거듭하는 방법**입니다.

논리적으로 생각해도 올바른 답을 못 찾을 수도 있다

이번에는 다른 예를 살펴봅시다.

> · 추첨 상자에 제비 100개가 들었습니다. 당첨 제비는 1개뿐입니다(그림 4-9). 당첨 제비를 뽑는 확실한 방법은 무엇일까요?

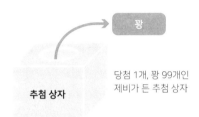

꽝

추첨 상자

당첨 1개, 꽝 99개인
제비가 든 추첨 상자

● 그림 4-9 추첨 상자에서 확실하게 당첨 제비를 뽑으려면?

답은 **100개 모두 뽑기**입니다. 당첨 제비가 1개라면, 100개 모두 뽑으면 아무리 운이 나쁘더라도 확실하게 당첨됩니다. 해답을 찾는 관찰이 없을 때는 이 방법이 유일합니다. 이런 조건에서는 논리적으로 생각해도 답을 찾을 수 없으므로 일단 될 때까지 해보는 수밖에 없습니다.

현실에서는 '법칙은 있지만 알 수 없을 때'가 흔하다

그러나 현실 업무에서는 이처럼 운에 맡길 수밖에 없는 상황보다 당첨 법칙은 있으나, 이를 모르는 상황이 더 흔합니다. 여기서 말하는 법칙은 다음 예로 이해하세요.

> · x와 y의 2개 인수를 입력받아 GOOD 또는 BAD 결과를 출력하는 프로그램이 있다고 합시다. 그러나 x, y에 무엇을 입력해야 GOOD이 출력되는지, BAD가 출력되는지는 모릅니다. 이에 GOOD이 나오는 조합을 찾았더니 그림 4-10과 같은 결과를 얻었습니다.

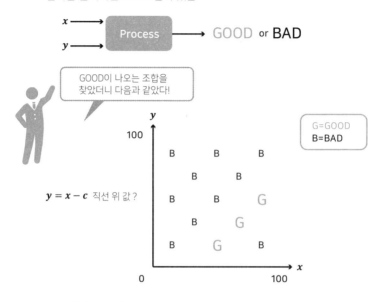

x와 y값 조합에 따라 GOOD 또는 BAD라는
결과를 출력하는 프로그램이 있음

$x \longrightarrow$
Process $\longrightarrow$ GOOD or **BAD**
$y \longrightarrow$

GOOD이 나오는 조합을
찾았더니 다음과 같았다!

y

100

G=GOOD
B=BAD

B   B   B

B   B

$y = x - c$ 직선 위 값 ?

B   B   G

B   G

B   G   B

0   100 x

• 그림 4-10 GOOD이 나오는 조합은?

"x와 y를 평면에 그려 보니 어쩐지 직선 모양을 이루는 듯하다. 이는 c를 상
수로 하는 y = x - c 직선 위의 값이 아닐까?"라는 내용입니다. 이처럼 '무엇인 듯'
하다면 다음에 할 일은 한 가지뿐입니다. 이 직선 주변을 더 자세하게 관찰하는
것입니다. 그 결과 이번에는 **그림 4-11**과 같은 결과를 얻었습니다.

$y = x - c$ 로 추가 시행을 거쳤더니 다음과 같았다!

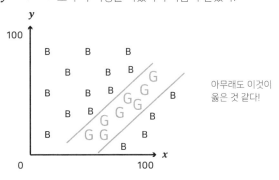

아무래도 이것이
옳은 것 같다!

● 그림 4-11 추가 시행을 거쳐, 가설을 검증

추가 시행 결과 역시 가설과 일치한다면 확정이라 봐도 좋을 겁니다. 이렇게 검증을 거친 '가설'은 **일반 법칙**이 됩니다.

이 흐름은 **단서 탐색→가설 설정→검증→일반화**로 이루어집니다. 아무것도 모르던 단계에서 우선 '그럴듯한 값'으로 시행착오를 반복하면 '딱 맞는 값'이 나오기도 합니다. 이 '딱 맞는 방식'에 일정한 경향이 있다면 이를 말로 표현(정식화)한 가설을 세웁니다.

어떤 현상에 관한 지식을 "대기는 서쪽에서 동쪽으로 이동한다."처럼 말로 표현하는 것을 언어화라 합니다. 그중에는 $y = x - c$처럼 **일정한 식으로 나타낼 때**도 있는데, 이를 정식화 또는 모형화라 합니다(이 역시 언어화의 일종입니다).

지식을 **언어화**할 수 있다면 이후로는 예측 가능해지며, 무언가를 설계하거나 교육할 때 편해집니다. 이와 함께 중요한 것은 **언어화하면 검증할 수 있다**는 사실입니다(그림 4-12). 단서를 탐색하여 찾은 경향을 언어화한 단계만으로는 아직 '가설'에 지나지 않으나, 이 가설을 '검증'하여 모순이 없다면 드디어 **일반 법칙**이 됩니다. 이것이 새로운 일반 법칙을 확립할 때까지의 흐름입니다.

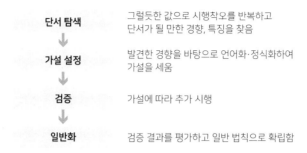

단서 탐색	그럴듯한 값으로 시행착오를 반복하고 단서가 될 만한 경향, 특징을 찾음
↓	
가설 설정	발견한 경향을 바탕으로 언어화·정식화하여 가설을 세움
↓	
검증	가설에 따라 추가 시행
↓	
일반화	검증 결과를 평가하고 일반 법칙으로 확립함

● 그림 4-12 일반 법칙 확립까지의 흐름

이때 중요한 것은 단서 탐색 단계에서는 그럴듯한 값으로 시행착오를 반복해야 한다는 점입니다. x와 y가 각각 0부터 100까지 있을 수 있다면 **그림 4-10**처럼 그 범위에 속하는 값을 균등하게 선택하여 시행착오를 거치는 것이 효과적인 방법으로, **그림 4-13**처럼 일부 조합에만 집중해서는 안 됩니다. 일부에만 집중하면 시행 수가 아무리 많아도 정답에는 전혀 미치지 못하므로 이래서는 단서를 얻을 수 없습니다.

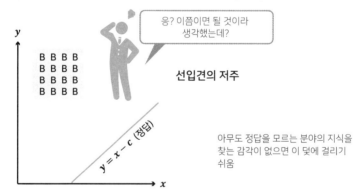

일부에만 집중하여 테스트하면 시행 수가 아무리 많아도
정답에는 전혀 미치지 못하므로 아무런 단서도 얻을 수 없음

응? 이쯤이면 될 것이라
생각했는데?

선입견의 저주

$y = x - c$ (정답)

아무도 정답을 모르는 분야의 지식을
찾는 감각이 없으면 이 덫에 걸리기
쉬움

● 그림 4-13 '일부에만 집중'하는 시행착오의 문제점

설마 그럴 리가 있냐고 생각할지 모르나, 실제로는 흔한 모습이므로 주의합시다. 위험한 것은 '이쯤이면 되겠지.'라는 선입견으로, 필자는 이를 **선입견의 저주**라 부릅니다.

이미 아는 지식 경험에서 '이쯤일 거야!'라는 느낌이 든다면 그 주변을 집중적으로 시험하고 싶을 겁니다. 이것이 가장 효율적이라 생각하기 때문입니다. 이 느낌이 올바르다면 다행이나 틀렸다는 것을 확인한 후에도 "어라, 이곳이 이상한데? 이건?"이라며 계속 그 주변만 고집한다면 **선입견의 저주**에 사로잡힙니다. 물론, 시행착오 비용은 공짜가 아니므로 단서를 전혀 찾지 못했음에도 예산은 바닥을 드러냅니다.

항상 누군가가 가르쳐준 정답만으로 업무를 해결한다면, 즉 그럴듯한 값으로 수많은 시행착오를 거쳐 탐색 범위를 넓히면서 정답을 찾는 경험을 해보지 않으면 이러한 함정에 빠지기 쉽습니다. 명심하세요.

그렇다면 구체적으로 무엇을 명심해야 할까요?

논리적으로 생각하면 효율적으로 꽝을 뽑을 수 있다

첫 번째로 명심할 것은 **논리적으로 생각하기**입니다. 이때 중요한 것은 문제를 넓게 바라보고 이를 나누는 작업입니다(그림 4-14). 이렇게 하면 효율적으로 꽝을 뽑을 수 있습니다.

써놓고 보니 당연한 말을 늘어놓은 것처럼 보이고 실제로도 당연한 말입니다만, 실천하기는 쉽지 않습니다. 왜 그런지 그 이유는 잠시 후 살펴보기로 하고 '효율적으로 꽝 뽑기'가 무엇인지부터 알아봅시다.

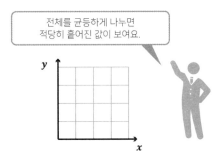

전체 개요를 파악하고 분할하는 것이 '적당한 분산'의 핵심!

전체를 균등하게 나누면
적당히 흩어진 값이 보여요.

● 그림 4-14 전체를 넓게 바라보고 문제를 나누자

　새로운 분야의 상품 개발 등 누구도 정답을 모르는 주제를 생각할 때 가장 먼저 할 일은 균등하게 나누어 하나씩 시험하는 **단서 탐색**입니다. 이때 당연히 '꽝' 확률이 높은데, **그림 4-15**에서는 13개 중 10개가 꽝이지만, 의약품 개발 등 의 분야라면 99.99……% 꽝일 때가 흔합니다.

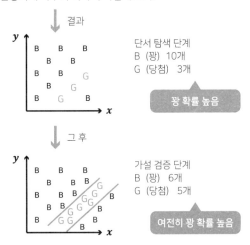

어딘가에 당첨이 있지만 어딘지는 모르겠어.
그럼 균등하게 나누어 하나씩 시험해 보자.

● 그림 4-15 새로운 일반 법칙을 찾을 때는 꽝 확률이 높다

높은 꽝 확률을 극복하고 단서를 찾았다면 다음은 **가설 검증** 단계인데, 여기서도 꽝 확률은 그리 낮지 않습니다. **그림 4-15**는 꽝이 약 50%인 예로, 예를 들어 여러분이 요리사이고 손님의 주문을 받을 때 "2번에 1번은 맛이 없는데, 이해해 주세요."라고 말한다면 누구도 이 식당에 다시는 오지 않을 겁니다. 비즈니스 관점에서 꽝 확률 50%는 말이 안 됩니다. 그러나 누구도 알 수 없는 주제의 일반 법칙을 찾는 장면이라면 이것이 보통으로, 오히려 꽝 확률은 높아야만 합니다. 이유는 다음과 같습니다.

꽝 확률이 낮아지는 것은
이미 아는 것을 다시 반복할 때 발생하며,
새로운 도전이 전혀 없다는 뜻이다. (실패 공포증)

누구도 일반 법칙을 모르는 새로운 분야를 탐색한다면 이래서는 안 됩니다. 필자는 이를 **실패 공포증**이라 부릅니다.

꽝을 뽑을 적당한 확률로 탐색하고 검증하는 것이 바람직하다

결국, 꽝을 뽑을 확률이 너무 높아도, 너무 낮아도 다음과 같은 실패 패턴을 보일 가능성이 큽니다.

- 꽝을 뽑을 확률이 너무 높다 = 선입견의 저주
- 꽝을 뽑을 확률이 너무 낮다 = 실패 공포증

그러므로 새로운 분야를 개척할 때는 적당히 꽝을 뽑을 확률로 탐색하고 검증하는 것이 바람직합니다.

그렇다면 어느 정도가 **적당**한지 궁금하겠지만, 거의 100% 꽝이 당연한 분야도 있고 단지, 1/n 만 꽝인 분야도 있는 등 모든 경우에 적용할 수 있는 단일 기준은 없습니다. 그러므로 생각하는 사람 각각이 이 장면은 어느 정도 꽝이면 좋을지를 직접 판단해야 합니다.

분명한 차이는 바로 알 수 있다

어느 정도는 꽝을 뽑아야 한다는 것을 알더라도, 당연히 뽑기도 전에 꽝임을 알 수 있는 것은 제외하고 시험하고 싶을 겁니다. 그러나 아무런 생각 없이 이를 진행하면 **선입견의 저주**에 빠지기 쉬우므로 올바르게 이해하고 진행해야 합니다. 실제로 논리적인 생각이 가장 힘을 발휘하는 때가 바로 이 단계입니다(그림 4-16).

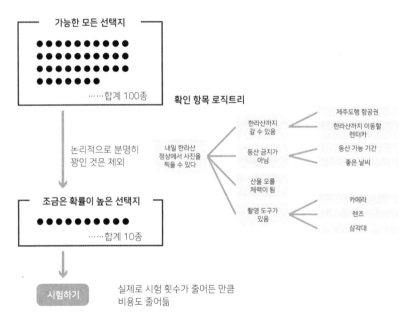

• 그림 4-16 논리적으로 분명한 꽝을 제외한다

가능한 모든 선택지가 100종류라 하더라도 일반적으로 이 모든 선택지의 확률이 높은 것은 아닙니다. 대체로 절반 정도는 논리적으로 생각하면 시험해 보기 전에 이미 아니라는 것을 알 수 있습니다. 구체적으로는 '확인 항목(보통은 로직트리로 만듦)'을 모두 확인하여 확률이 낮은 것은 제외합니다. 이렇게 누가 보더라도 아닌 것을 제외할 때, 논리적 사고는 힘을 발휘합니다.

　그러나 이렇게 해서 남은 10종류 중 어떤 것이 당첨인지는 여전히 예측할 수 없을 때가 흔하므로, 결국엔 모든 종류를 시도해 볼 수밖에 없습니다. 그렇지만 이것만으로도 충분합니다. 제외한 90종류의 실험은 하지 않아도 되므로 시간과 비용을 아낄 수 있습니다. 이것이 이 절 제목을 [논리적으로 생각하면 효율적으로 꽝을 뽑을 수 있다]로 정한 까닭입니다.

▨ 결국, 전체를 넓게 바라볼 수 있는지가 중요하다

　이 과정에서는 결국 전체를 넓게 바라볼 수 있는지가 중요합니다. 여기서 말하는 전체란 '모든 가능한 선택지'로, 모든 '확인 항목'을 일컫습니다. 이때 논리성이 중요한 이유는 논리성을 추구하지 않고 직관적(휴리스틱, heuristics)으로만 생각하면 전체를 바라보지 못할 때가 흔하기 때문입니다. 휴리스틱(직관적인 판단)은 일상에서 널리 사용하는 사고법으로, 익숙한 것은 눈에 잘 띄나 신기한 것은 잊기 쉽다는 특징이 있습니다. 즉, 누구도 정답을 모르는 새로운 분야에서 일반 법칙을 찾고자 전체를 넓게 바라봐야 하는 장면에는 어울리지 않습니다. 이때 필요한 것이 **논리성**, 특히 **로직트리**와 **MECE** 사고방식입니다.

　논리적 사고라 하면 로직트리와 MECE(Mutually Exclusive and Collectively

Exhaustive: 중복 없이 그리고 빠짐없이)가 떠오릅니다. 이 모두 앞에 나온 [1. 논리적 사고란?] 절에서 간단히 살펴본 것으로, 이번에는 좀 더 자세하게 알아봅니다.

먼저 **그림 4-17**을 봅시다. 어느 회사의 웹 서버 응답이 느리다는 불만이 접수되어 IT 개발자 2명에게 원인과 대책을 물었더니 서로 다른 답을 내놓았습니다. 두 사람의 답 중 더 설득력이 있는 쪽은 어디일까요?

상황: 어느 회사의 웹 서버 응답이 느리다는 사용자 불만이 늘었다.
개발자 2명에게 이 문제의 원인과 대책을 물었더니 서로 다른 답을 내놓았다.

A의 설명(비논리적)	B의 설명(논리적)
…그런 고로, 불만의 45%는 응답이 느린 것과 관련이 있어요. 하지만 시스템 튜닝으로는 한계입니다. 서버를 확장하지 않으면 문제를 해결할 수 없어요.	서버와 회선 부하는 작으므로 이것이 원인은 아닌 듯합니다. 느리다는 불만 대부분은 국외에서 들어오므로 통신 회선에서 병목이 발생한 것 같습니다. 이를 해결하려면 해외에서 접속해도 문제 없는 CDN 서비스를 이용하는 것이 좋을 듯합니다.

● 그림 4-17 더 설득력 있는 설명은 어느 쪽?

A는 '느리다'는 문제에 서버 확장을 제안했으나 병목이 서버 성능 때문이라는 근거는 아무것도 제시하지 않고 45%라는 수치가 서버 확장과 어떤 관련이 있는지도 설명하지 못하므로 논리적이라 할 수 없습니다. 이와 달리 B는 논리적으로 원인을 분석하고 해결 방법을 제한합니다.

이 예에서 보듯이 논리적인 사고가 필요한 전형적인 장면의 하나가 **문제를 해결해야 할 때**입니다. A, B 누구의 방법이든 실시하는 데는 비용을 소모하므로 이를 채택하려면 합리적인 근거가 있어야 합니다. 근거를 제시하지 않은 A의 제안에 상사나 고객은 불안을 느끼며 결재를 망설일 겁니다.

문제를 해결하려면 원인 분석에 로직트리를 사용하자

A와는 달리, B는 설명할 때 **그림 4-18**처럼 로직트리와 MECE를 활용하여 정

보를 정리했습니다.

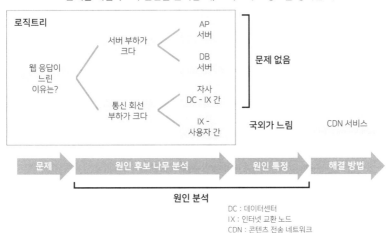

문제를 해결하고자 원인을 분석할 때, 로직트리로 정보를 정리한 예

DC : 데이터센터
IX : 인터넷 교환 노드
CDN : 콘텐츠 전송 네트워크

• 그림 4-18 원인 분석에 로직트리를 활용

구조는 다음과 같습니다.

- 로직트리의 뿌리 부분(그림 왼쪽)에 '느린 이유는?'이라고 문제를 제시하여 원인 분석
  이 목적임을 밝힌다.
- 원인 후보가 되는 이유를 1단계 대분류에서 서버 부하 또는 통신 회선 부하로 나눈다.
- 이렇게 나눈 각 부분을 2단계에서 구체화한다.

전체를 넓게 바라보며 원인 후보가 몇 가지인지를 밝히는 것이 이 원인 후보
나무의 역할입니다.

후보를 밝혔다면 각각의 개별 상태를 확인하는 '원인 특정' 작업을 시행하고
다른 문제는 없고 외국에서만 문제가 발생한다면 IX와 사용자 사이의 문제라
고 특정할 수 있으므로 해결 방법으로 CDN 도입을 검토한다는 흐름입니다. 이
러한 **문제→원인 후보 나무 분석→원인 특정→해결 방법** 흐름은 문제를 해결할 때

자주 사용하는 방법입니다. B는 이러한 구조를 염두에 두었기에 제안의 근거를 논리적으로 설명할 수 있었습니다.

로직트리를 만들자

로직트리를 만드는 일반적인 방법은 다음과 같습니다.

- 검토하고자 하는 **주제**(문제, 테마, 이슈라 부르기도 함)**를 왼쪽에 1개 쓰고 여기서부터 오른쪽으로 분기한다.**
- 분기할 때는 가능한 한 MECE(중복 없이 그리고 빠짐없이)**가 되도록 한다.**
- 단, 나무 3단계 이후는 MECE에 얽매이지 않아도 된다.
- 분기한 자식 요소는 부모 요소를 1개만 가지도록 한다(이 역시 나무 끝에서는 지키지 않아도 됨).

그림 4-18에서는 '원인 분석' 나무를 만들었는데, 해결 방법 나무를 만들 때라면 목표 설정 나무를 만들기도 합니다. 요컨대, 요소가 많아질수록 이를 분해하고 분류하여 계층 구조로 만들어야 하므로 **'생각할 내용이 많다'고 느낀다면 대체로 로직트리를 사용한다고 생각**하세요.

MECE는 어디까지 추구하나?

MECE는 여러 가지를 **중복 없이** 그리고 **빠짐없이** 분류하는 사고방식입니다. 숫자로 표현할 수 있거나 몇 가지 이산형 값으로 나타낼 수 있는 성질이라면 비교적 간단하게 MECE 분류가 가능합니다(그림 4-19).

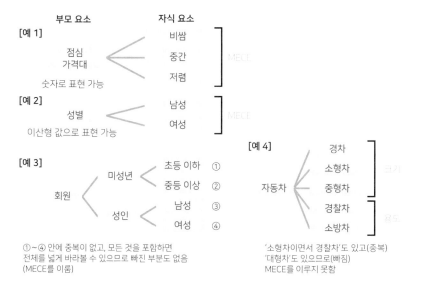

● 그림 4-19 MECE 사고방식

예 1은 숫자로, **예 2**는 몇 가지 이산형 값(연속하지 않는 상태의 값)으로 나타낼 수 있으므로 모두 MECE를 이룹니다. **예 3**처럼 미성년 하위를 나이로 나누고 성인 하위를 성별로 나누는 등 가지마다 다른 분류 기준을 사용할 수도 있습니다. **예 4**는 MECE를 이루지 않는 예입니다. 크기로 분류한 '경차, 소형차, 중형차'와 용도로 분류한 '경찰차, 소방차'를 같은 열에 두면 분류 기준을 하나로 정할 수 없으므로 MECE를 이루지 못합니다.

MECE를 이루고자 할 때 문제는 **어느 정도 엄밀한 MECE를 목표로 할 것인지**입니다. 성인을 남성과 여성으로 나누면 MECE처럼 보이나 LGBT 의식이 높아진 지금이라면, 성인의 모든 성별을 표현하지는 못합니다. 초등 이하/중학 이상이라면 문제없어 보이나 요즘 늘어난 '공교육 제도 바깥 대안학교에 다니는 아이'가 있다면 어떨까요? 초등, 중등을 그대로 나이 구분 지표로 사용해도 좋을까요? 실제 다니는 학교를 가리키는 용어라면 또 다른 나이 구분 방법이 있어야 할지도 모릅니다.

이처럼 여러 가지 이유로 MECE 개념을 엄격하게 지키기는 어려우며 실제로는 거의 불가능합니다. 복잡한 로직트리를 만들 때는 '흠, 이 요소는 이곳저곳 중복이 생기고 없애려니 빠진 곳이 생기고······' 같은 고민을 할 때가 흔합니다. 그러나, 이러한 고민 자체는 중요합니다.

안타깝게도 이와 관련해서는 '이 정도라면 괜찮겠네.'라며 한눈에 알 수 있는 기준은 없습니다. 결국 "좋아, 이 정도면 됐어. 이걸로 정하자!"라며 타협(지엽적인 부분은 버리기로 정함)하게 됩니다. **타협 가능한 수준에 이를 때까지 끊임없이 고민하세요.** 고민하다 보면 문제를 더 깊이 이해하게 되므로 중요한 부분과 그 이외를 구별할 수 있습니다. 여기까지 다다르려면 충분히 고민해야 하므로 고민을 소홀히 해서는 안 됩니다.

▨ MECE를 작성하기 어려운 순간이 바로, 문제를 깊이 이해할 기회다

누군가에게 다음과 같은 이야기를 들었습니다.

> 논리적 사고 교육에서 MECE를 배울 때 이런 설명을 들었는데, 무슨 뜻인지 전혀 모르겠어요.
> "우리가 사는 지구는 아시아, 유럽, 아프리카, 북아메리카, 남아메리카, 오세아니아 이렇게 6개의 대륙으로 나뉩니다. 이처럼 중복 없이 그리고 빠짐없이 분해하는 것이 MECE입니다."

이 설명만으로는 이해하지 못하는 것도 당연합니다. 지구를 6개의 대륙으로 분해한들, 무슨 의미가 있는지 의문만 생길 것입니다. 예를 들어, "남극대륙은요?"라고 되묻는다면 대답하기도 곤란합니다. 앞서 나온 사례처럼, 몇 개의 분류로 정리해도 좋을 때는 문제 설정이 이와 맞을 때뿐입니다. 그러므로 어떤 문제를 염두에 두는지를 함께 말하지 않으면 MECE 분해가 올바르게 되었는지 알 수 없습니다.

예를 들어, 이것이 '남반구, 북반구 대륙 나누기'라면 아프리카와 아시아, 남아메리카 대륙이 남반구와 북반구 모두에 걸쳐 있기 때문에 하나로 볼 수 없습니다. 이와 달리, 섬과 대륙을 구분하는 기준인 '그린란드보다 면적이 클 것'이 문제라면, 남극대륙을 포함하여 총 7개의 대륙으로 지구의 모든 대륙을 구분하더라도 MECE를 이룰 수 있습니다. 그러므로 문제를 MECE로 분해할 때 중요한 것은 **문제 설정**이지 MECE 자체가 아닙니다.

예를 들어, 지붕을 제작하는 업체가 신제품을 개발하고자 할 때라면 다음과 같이 문제를 설정할 수 있습니다.

> **문제 설정**
>
> **이유** 눈이 쌓이면 지붕에 부하가 걸리므로
> **기준** 매년 눈이 쌓이는 지역과 그 외 지역으로 설계 방식을 구분해야 함
> **지역 분해** 크게 동쪽과 서쪽 지역으로 나눌 수 있음(MECE)

이런 방식으로 문제를 설정할 때 **이유**와 **기준**을 명확히 하면 "아, 그렇다면 동쪽과 서쪽으로 나누는 것이 타당하네요."라고 느끼도록 설득할 수 있습니다(엄밀하게 말하면, 적설 지역 구분과 동쪽, 서쪽 구분이 일치하지는 않으나 실용적인 면에서는 어느 정도만 일치해도 충분합니다). MECE가 잘 안될 때는 대체로, 문제를 설정할 때 이유와 기준이 애매한 경우입니다. 그럼에도 이를 눈치채지 못하곤 합니다. 이유와 기준을 명확히 하려 노력해야 하는데도 말이지요.

그러나 MECE를 추구하다 보면 **이유와 기준이 애매하거나 잘못되었다는 것을 쉽게 알 수 있습니다.** 예를 들면 다음과 같습니다.

새로운 제품을 설계합시다!
'북쪽 지방용'은 제설 기능을 추가해야 해요. **1**

왜 북쪽 지방용에는 제설 기능을 추가하나요?

추운 지역이라 그래요. **2**

(1개월 후)

응? 산이 많은 지역에서도 '북쪽 지방용'이 잘 팔리는데요? **3**

내륙 지방도 눈이 많이 오니 당연하죠.

……그렇다면 북쪽 지방용이 아니라
'눈이 많은 지역용'이라 하셔야죠! **4**

이 대화에서는 무엇이 문제일까요?

- **1** '북쪽 지방용'이라는 구분은 잘못된 것(지역 분해 실수)
- **2** '추우니까'라는 이유도 잘못된 설정(기준 정의 실수)
- **3** 의사소통에서 오해가 발생
- **4** 사실이 명확해짐(진짜 이유는 '눈'이었음)

여기서는 처음 **1**과 **2**단계에서 다음과 같은 실수가 생겼습니다.

- **1** MECE를 이루지 못한 분해('북쪽 지방' 이외를 명확히 하지 않음)
- **2** 잘못된 이유를 제시함

❶이 잘못되다 보니 ❷가 잘못되었는지도 몰랐던 겁니다. 실제로도 MECE 가 온전치 못한 분해에서는 잘못된 이유를 모를 때가 흔합니다. 그러므로 ❶단 계에서 MECE를 의식하여 '북쪽 지방과 산간 지역은'이라고 표현했다면 ❷에서 '추우니까'가 아니라 '눈이 오니까'가 진짜 이유임을 알 수 있었을 겁니다.

요컨대, MECE는 이유와 기준을 함께 생각하지 않으면 의미가 없습니다.

다른 말로 하면, 이유와 기준을 명확히 하는 것이 MECE를 이용하는 진짜 이유이며, 이것이 잘 안된다는 것을 달리 표현하면 문제를 올바르게 이해할 기회를 얻었다는 뜻입니다.

★ ●● 정리

- 사건을 체계적으로 정리하고 모순이나 비약 없이 순서를 따라 생각하는 것이 논리적 사고
- 단서를 발견하려면 그럴듯한 값을 이용한 시행착오가 필수이다.
- 문제를 명확히 하지 않으면 MECE를 추구하더라도 답을 찾지 못한다.

구조가 그리 중요하지 않은 정보란?

다양한 정보 항목이 서로 관계 없는 정보라면 글로 써도 문제 없다.

예: 피난소에 필요한 물품

피난소에는 다음과 같은
물품이 필요합니다.

1. 분유
2. 음료
3. 알루미늄 담요
4. 발전기
5. 라디오
6. 생리용품
7. 휴지
8. 칫솔
9. 손톱깎이

이런 종류의 정보는 일부 항목의 순서를
바꾸거나 빠진 것이 있더라도, 보통 다른
정보에는 영향을 끼치지 않음
(이것이 '구조가 없는 상태'입니다.)

→글로도 쓸 수 있고 전화로도 전하기
쉽다.

그러나, 대부분의 기술 정보는 이에 해당하지 않음

"구조가 중요한 정보는 그림으로 설명하세요."라는 말을 들으면 '구조가 중요하지 않은 정보도 있나?'라는 의문이 들 겁니다. 가장 간단한 예로, "비가 내린다."처럼 전해야 하는 정보의 양이 매우 적다면 애당초 구조도 없습니다.

또는 다음과 같은 연애편지도 구조화가 필요 없는 예입니다.

"너의 비길 데 없는 우아함, 너의 관능적인 사랑스러움, 그리고 너의 아름다움이
나를 아연케 한다. (중략) 나는 기꺼이 너와 함께 지옥으로 걸어 들어가겠다."

_ 어니스트 헤밍웨이

(원문: 미국 출신의 유명 작가, 헤밍웨이가 10대 후반일 때 '아넷 데보'라는 여성에게 쓴 연애편지 중 일부)

그 밖에도 앞에 나온 그림처럼 피난소에 필요한 물품과 같은 정보가 있습니다. 그림의 정보를 볼 때 여러 가지 항목 사이에는 아무런 관계가 없으므로 일부를 빼거나 순서를 달리하더라도 다른 항목에 영향을 끼치지는 않습니다. 예를 들어, 발전기라는 정보가 빠지더

라도 분유 준비에는 영향이 없습니다. 그러므로 이런 종류의 정보는 글로 쓸 수도 있고, 전화로도 전하기 쉬우나 IT 기술 정보는 서로 관계가 있을 때가 대부분이므로 이에 해당하지 않습니다.

물론, 피난소에 부족한 물품과 같은 정보라도 종류가 많아지면 식품류, 위생용품류, 의약품 등으로 분류해야 하므로 "구조가 중요하지 않다."라는 말은 전체가 10개 남짓일 때만 가능한 이야기입니다.

Part. 2

문서에 따른 정보 정리 패턴

5장

보고서

> 66

Part 1에서는 정보 정리의 기초 지식과 사고방식을 설명했습니다.
Part 2부터는 흔히 보는 상황별 정보 정리 패턴을 알아봅니다. 먼저,
어떤 회사의 어떤 업무에서도 사용하는 문서로 **보고서**를 들 수 있습니다.
요점을 간결하게 정리하여 보고하려면 무엇이 중요할까요?

단순한 보고서에 넣어야 할 정보

작업 보고, 조사 보고, 장애 발생 보고 등 '○○ 보고'나 '○○ 리포트'라는 이름의 문서, 이른바 보고서는 어떤 회사에서든 읽고 쓸 기회가 있을 겁니다. 또는 대화나 이메일, 채팅으로 이루어지는 의사소통도 그 내용의 많은 부분은 보고입니다. 그러므로 보고에 필요한 정보 정리의 기본을 알아두면 도움이 됩니다.

먼저 간단한 예로, **보고**에는 어떤 정보를 넣어야 하는지를 알아봅시다. 여러분이 회사 휴게실에서 전기 포트를 쓴 뒤에 누군가가 "뜨거운 물 있나요?"라고 묻는 장면을 떠올려 보세요. 일상에서 흔히 보는 장면이지만, 실은 이 질문의 답도 **보고**의 하나입니다. 여러분은 뭐라고 답해야 할까요?

"뜨거운 물 있나요?"라고 묻는 질문자는 그 답(보고)을 듣는 처지(수신자)이기도 합니다. 이 질문의 의도는 '커피를 마시고 싶은데 (뜨거운 물 있나요?)'일 수도 있고 '컵라면을 먹고 싶은데 (뜨거운 물 있나요?)'일 수도 있습니다(그림 5-1). 이처럼 **의도**가 분명하다면 좋을 텐데 "뜨거운 물 있나요?"라는 질문만으로는 무엇을 원하는지를 알 수 없습니다.

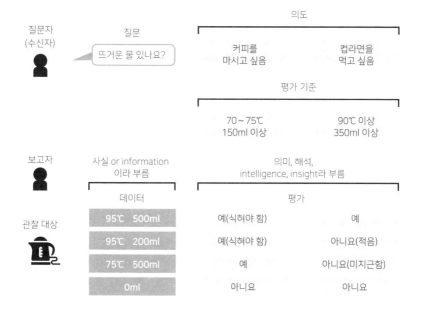

● 그림 5-1 보고와 관련한 정보

여러분은 보고하는 쪽 사람, 즉 **보고자**로, 여기서는 관찰 대상인 전기 포트의 상태를 보고해야 합니다. 확인해 보니 '95℃의 뜨거운 물이 200ml' 있습니다. 이때 "예."라는 답만으로 충분할까요? 순수하게 물리적인 유무(물이 있다, 없다)라면 "예."라고 답하면 됩니다. 그러나 컵라면을 먹고 싶다면 200ml로는 부족하므로 "아니요."입니다. 커피를 타고 싶다면 1잔을 타기에 충분한 물의 양이므로 "예."입니다(물론 여러 잔을 타려면 "아니요."입니다).

즉, 95℃와 200ml라는 데이터는 변하지 않아도 보고를 받는 질문자의 의도에 따라 그 평가는 달라집니다. 데이터에 의미를 부여하는 것이 **평가**라는 관계임에 주의하세요. **데이터**는 기본적으로 **누가 보고하든 차이가 없는 부분**입니다. 전기 포트 안의 뜨거운 물도 A가 측정했을 때 95℃에 200ml라면 B가 측정하더라도 약간의 오차가 있을지는 몰라도 값은 비슷합니다.

데이터의 평가는 의도에 따라 달라집니다. 물 온도와 양이 같더라도 의도(커피인지 컵라면인지)가 다르면 그 평가(예, 아니요)도 다릅니다. 또한, **평가는 보고자에 따라서도 차이**가 납니다. 예를 들어, 10명에게 "컵라면을 조리하는 데 몇 도의 물 몇 ml를 사용하나요?"라고 묻는다면 취향에 따라 다르게 대답할 겁니다. 즉, 평가 기준은 사람에 따라 다르므로 데이터(물의 온도와 양)는 같아도 그 평가에는 차이가 생깁니다.

질문자가 의도와 함께 평가 기준도 명확히 밝힌 상태에서 질문하는 것이 이상적이나 현실에는 의도도 평가 기준도 모르는 질문이 너무 많습니다. 그러므로 좋은 보고가 되려면 **보고자가 질문자의 의도와 평가 기준을 올바르게 판단**해야 합니다.

지금까지 살펴본 내용을 바탕으로 좋은 보고에 필요한 내용을 정리하면 다음과 같습니다.

- 보고자는 질문의 의도를 찾고
- 평가기준을 정한 다음, 관찰 대상을 정해서 데이터를 모으고
- 평가하여 이를 전달한다.

"뜨거운 물 있나요?"라는 간단한 질문에도 생각해야 할 점이 뜻밖에 많다는 것을 알았을 겁니다.

02 결론부터 말할 수 없는 까닭

"결론부터 말하세요."라는 요구는 보고가 서툰 사람이 가장 흔하게 듣는 상

사의 꾸짖음이 아닐까요? 이는 비즈니스 의사소통 교육의 기초 중의 기초라 할수 있는 사고방식이므로 대부분의 신입사원 교육에서 가르치기는 하나, 실무에서 이를 실천하기란 쉽지 않습니다. 예를 들어, 다음과 같은 상황이 있다고 합시다. 여러분은 이 이야기의 **결론**을 한마디로 정리할 수 있나요?

> 당신은 날마다 반복되는 야근으로 수면이 부족합니다. 이 상태에서 자가용으로 출근하던 중 졸음운전으로 가드레일을 들이받는 사고로 다리를 다쳐, 업무를 볼수 없게 되었습니다. 다행히 주변 사람의 도움으로 경찰과 소방서에 연락할 수 있었습니다. 그러나 오늘 방문할 예정이던 업무 현장에는 못 갈 듯합니다. 다리 통증은 여전하지만, 상사에게 전화 한 통 정도는 걸 수 있겠네요.

전화로 상사와 연결되었다면 뭐라고 보고할까요? 잘못된 보고의 전형적인 예는 "최근 거듭된 야근으로 피로하던 상태에서……"라고 시간 순서대로 원인을 거슬러 이야기하는 것입니다. 이는 당장 대처해야 할 사항은 아닙니다.

이 이야기에서 상사에게 가장 먼저 전해야 할 내용은 "교통사고를 당하는 바람에 오늘은 업무 현장에 갈 수 없다."입니다. 전달하는 데 2초면 충분합니다. 이후 정신을 잃는다고 하더라도 가장 중요한 정보를 이해한 상사는 이에 대처할 수 있습니다. 물론 가장 먼저 전해야 할 내용은 상대에 따라 달라집니다(그림 5-2). 상대가 바로 근처에 있는 사람이라면 "부상 때문에 걸을 수 없다.", 따라서 "구급차를 불러 달라."라고 말해야 하며 상대가 회사 인사팀이라면 '거듭된 야근으로 말미암은 수면 부족'이 이유이므로 "노무관리를 개선했으면 한다."라고 말할 수도 있을 겁니다(물론 사고 현장에서 말할 내용은 아니므로 사고 수습 후 이야기입니다만). 그 밖에 자기가 직접 생각해야 할 내용도 있습니다.

사건 경위		결론		상대
반복된 야근으로 수면 부족	⋯⋯➤	노무 관리를 개선했으면 한다.	⋯⋯➤	상사/회사 인사팀
졸음운전	⋯⋯➤	안전에 더 신경 쓰자.	⋯⋯➤	자신
교통사고 발생	⋯⋯➤	더욱 안전한 차를 사자.	⋯⋯➤	자신
부상 탓에 걷지 못함	⋯⋯➤	구급차를 불러줬으면 한다.	⋯⋯➤	주변 사람
오늘은 일할 수 없음	⋯⋯➤	대신할 사람을 찾았으면 한다.	⋯⋯➤	상사

• 그림 5-2 듣는 상대가 누구인지에 따라 결론은 다름

이렇게 보면 **결론은 상대에 따라 다릅니다.** 그리고 또 하나, **결론은 행동으로 이어지는 한마디**라는 것입니다. "구급차를 불러줬으면 한다."는 상대방의 행동, "안전에 더 신경을 쓰자."는 자기의 행동이라는 차이가 있으나 이 모두 무언가의 행동을 제안합니다.

엄밀히 말하면, 결론이라는 말은 **상황 파악**과 **제안**이라는 2가지 뜻을 포함합니다(그림 5-3). 그러므로 상사에게 "결론부터 말하세요!"라고 들었다면 2가지 중어느 쪽인지 확인해야 합니다.

• 그림 5-3 결론은 상황 파악과 제안을 포함함

명확하지 않은 면도 있지만, 모두 **결론과 행동으로 이어지는 한마디**입니다. 이것이 중요한 이유는 무언가의 행동을 통해 결과를 내는 것이 업무의 목적이기 때문입니다. '보고를 들은 상대가 무엇을 하면 좋을지 모른 채 아무런 행동도 하

지 않음'이 가장 바람직하지 않은 의사소통 결과입니다. 그러므로 보고할 때는 행동으로 이어지는 정보를 가장 먼저 전해야 합니다.

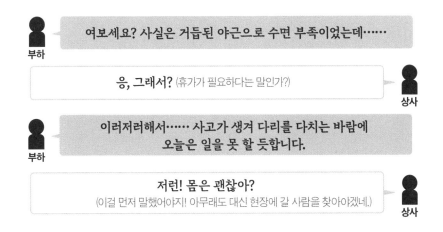

부상이 걱정이지만 이는 병원에 맡길 수밖에 없으므로 상사로서 지금 당장 행동해야 하는 것은 업무를 대신할 사람 찾기입니다. 그러므로 '거듭된 야근'보다는 '일할 수 없음'을 먼저 말해야 했습니다. "결론부터 말하세요."는 이런 뜻임에도 좀처럼 이렇게 못하는 것은 왜일까요?

업무 흐름을 부하에게 말하지 않는다

결론은 행동으로 이어져야 하는 만큼 부하가 상사의 행동을 예상하고 이해하지 못한다면 결론을 낼 수 없습니다. 이럴 때는 당연히 "결론부터 말하세요."라고 들어도 그렇게 하지 못합니다. 이는 상사가 부하에게 업무 흐름을 말하지 않았을 때나 부하가 지시가 없으면 움직이지 않는 유형일 때 등 2가지 경우에서 일어나기 쉽습니다.

상사가 부하에게 업무 흐름을 말하지 않는 극단적인 예가 "뜨거운 물 남았어요?"라고만 묻고 물을 어디에 무슨 용도로(컵라면인지 커피인지)는 말하지 않는 상사입니다. 상사가 어떤 **행동**을 하고 싶은지 부하는 모르므로 그 행동에 맞는 결론을 내지 못하고 '95℃, 200ml'라는 데이터만 답하게 됩니다. 즉, 이때 부하가 결론부터 말하지 못하는 것은 상사의 책임입니다. 이처럼 업무 흐름을 말로 표현하고 관계자와 공유하는 것이 서툰 상사는 어디에나 있습니다.

이전에는 부하에게 말하지 않는 것(언어로 표현)을 당연하게 여기던 시절도 있었습니다. 업무는 선배 어깨너머 보고 배우는 것, 굳이 지시하지 않더라도 상사의 행동을 예측하여 '알아서' 움직이는 것이 부하로서의 당연한 자세라는 가치관이 팽배하던 시대였습니다. 어느 정도 일리는 있으므로 틀렸다고 단언하지는 못하지만, 지금은 업무가 다양하고 복잡하므로 말로 표현하는 데 서툰 상사는 그 자리를 지킬 수 없습니다. 물건을 다루는 일은 '보고 배울 수' 있을 때가 흔하고 비정형 업무 비율도 그리 높지 않으므로 윗사람이 하는 일을 잘 관찰하는 부하라면, 어깨너머 업무를 배우는 것이 성립합니다. 그러나 지금의 업무는 정보를 다룰 때가 흔하고 비정형 업무 비율도 높으므로 이제 이 전제는 통하지 않습니다.

이와 달리, 부하가 지시가 없을 때 움직이지 않는 유형이라면 업무 흐름을 전달해도 결론부터 말하지 못할 때가 있습니다. 엄밀히 말하면 **상황 파악**과 **제안** 사이에는 하나의 벽이 있는데, 지시가 없을 때 움직이지 않는 유형은 이 벽 앞에서 멈춰 서는 경향이 있습니다. 이럴 때는 **제안**까지 생각하는 습관을 기를 수 있도록 상사가 꾸준하게 지도해야 합니다.

심리적 안전을 느끼지 못한다

특히 문제 발생을 보고할 때 변명부터 시작하거나 애당초 나쁜 결론을 말하지 않는 모습을 흔히 봅니다. 이는 심리적 안전을 못 느끼는 조직에서 일어나기 쉽습니다. 심리적 안전이란 자기 생각이나 의견 등을 조직 구성원 누구에게도 솔직하게 말할 수 있는 상태를 나타내는 개념입니다. 구글이 2012년부터 시작한 생산성 개혁 프로젝트 '아리스토텔레스'의 조사 연구에서 조직의 생산성을 좌우하는 결정적인 요인으로 이 심리적인 안전감을 들었습니다. 변명이란, 결국 자기 책임이 아니라고 주장하여 처벌을 피하려는 수단이기 때문입니다. 그 결과, 심리적인 안전함이 없는 조직에서는 작은 문제를 숨기는 등 조직 개선이 이루어지지 않고 큰 손해로 발전할 때까지 이를 내버려둡니다. 또한, 제안을 말하기 어렵다 보니 상사의 입만 바라보는 경향도 심해집니다.

이것도 **관리자가 어떤 조직 문화를 만드는지**에 따라 달라지므로 결국 상사의 책임이라 할 수 있습니다.

부하 직원에게는 '정보를 하나로 정리하는' 습관이 없다

결론부터 말하지 못하는 마지막 이유는 **정보를 하나로 정리하지 못하는 부하** 쪽 문제입니다. **하나로 정리한다**(정보 정리)란 작게 나눈 다음, 필요한 부분만 선택하고 나머지는 버리는 것입니다. 그러나 무언가를 보고할 때, 자기가 생각하는 순서대로만 쓰거나 말하는 사람은 정보 정리가 서툽니다. 일반적으로 일상생활에서 일어나는 의사소통에서는 자기가 생각하는 순서대로만 쓰고 말하는 것이 당연하고 아무런 문제도 없으므로 드문 일이 아닙니다. 그러나 정보를 다루는 일이라면 **정보 정리** 능력이 필요합니다. 학생 시절 논문, 보고서, 연구 발표를 통해 이런 능력을 익히기도 합니다만, 누구나 다 그런 것은 아닙니다. 그러므로 상사로서는 부하의 정보 정리 능력을 길러야 하며, 부하로서는 이 능력을 의식적으로 익혀야 합니다.

구체적으로는 **그림 5-2**처럼 일련의 사고 과정을 상세하게 분해하고 상대에 따라 결론이 달라짐을 자각하는 업무를 다양하게 경험하고 이를 실천하면 효과적입니다.

상태·트리거·사고·손해 패턴

결론부터 말하는 습관을 들였다고 해도 이것만으로는 충분하지 않습니다. 행동으로 이어지는 **결론**은 상황 파악과 제안을 모두 포함합니다. 올바른 제안은 당연히 올바른 상황 파악에서 비롯하나 이것이 쉬운 일만은 아닙니다.

예를 들어, 클라우드로 제공하는 자사 서비스가 멈추는 사고가 일어났을 때는 원인 조사, 영향 조사, 복구 조치, 재발 방지 등 여러 가지를 조사하고 대처한 다음, 이를 고객이나 회사 안팎 관계자에게 **장애 발생 보고** 형식으로 안내합니다. 이 조사 대처가 이른바 **상황 파악** 부분으로, 장애 발생을 보고할 때는 복잡한 인과 관계를 정리해야 할 때가 흔한데, 이를 모든 관계자가 바로 이해할 수 있는 형태로 표현하기란 어렵습니다.

이에 이번 절에서는 시스템 장애 발생 시 **상황 파악**에 사용하는 상태·트리거·사고·손해 패턴을 소개합니다. 먼저 간단한 예로 이 패턴의 기본을 알아봅니다.

> **주유 중 발화 사건**
> A 씨는 주유할 때, 정전기 제거를 깜빡하곤 합니다. 어느 날 A 씨가 주유 중일 때, 정전기 불꽃이 튀어 휘발유에 불이 붙는 바람에 차량이 크게 망가졌습니다. 손상이 너무 심해 폐차할 수밖에 없었습니다.

단순한 사건이므로 이 정도라면 글만으로도 쉽게 파악할 수 있으나 이를 상태·트리거·사고·손해 패턴으로 분해하면 **그림 5-4**와 같습니다.

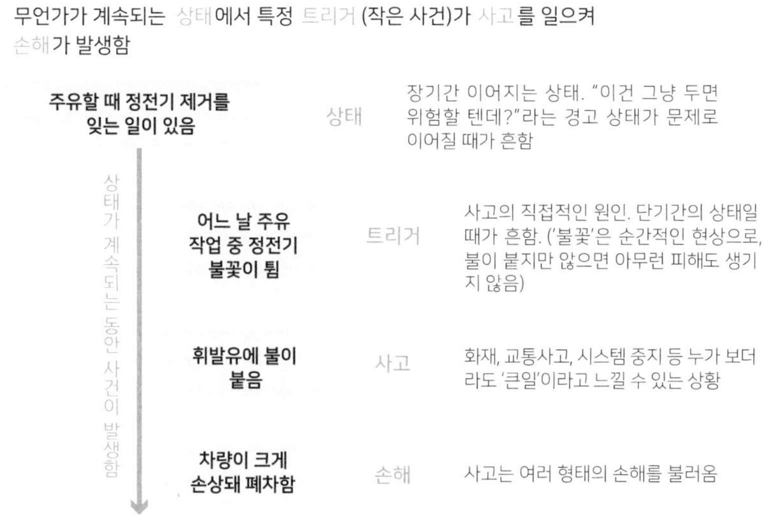

무언가가 계속되는 상태에서 특정 트리거 (작은 사건)가 사고를 일으켜 손해가 발생함

주유할 때 정전기 제거를 잊는 일이 있음	상태	장기간 이어지는 상태. "이건 그냥 두면 위험할 텐데?"라는 경고 상태가 문제로 이어질 때가 흔함
어느 날 주유 작업 중 정전기 불꽃이 튐	트리거	사고의 직접적인 원인. 단기간의 상태일 때가 흔함. ('불꽃'은 순간적인 현상으로, 불이 붙지만 않으면 아무런 피해도 생기지 않음)
휘발유에 불이 붙음	사고	화재, 교통사고, 시스템 중지 등 누가 보더라도 '큰일'이라고 느낄 수 있는 상황
차량이 크게 손상돼 폐차함	손해	사고는 여러 형태의 손해를 불러옴

상태가 계속되는 동안 사건이 발생함

● 그림 5-4 상태·트리거·사고·손해 패턴으로 분해한 주유 중 발화 사건

이 패턴은 이 예처럼 물리적인 사고뿐만 아니라 시스템 장애나 보안 사고 등 IT 분야에도 적용할 수 있으며, 다음과 같이 사람 사이의 문제에도 적용할 수 있습니다.

"개인적인 이유로 스트레스를 받은(상태) 사원이 작은 실수를 지적하는(트리거) 고객을 폭행하는 바람에 회사를 그만두었고(사고) 그 후 배상 책임(손해)을 지게 되었다."

이 패턴은 재발 방지책을 마련하고자 할 때 특히 유용합니다. 상태부터 손해까지의 각 단계에는 서로 다른 성질의 대책이 필요할 때가 흔하므로 이를 4가지 항목으로 나누면 빠짐없이 검토할 수 있습니다(그림 5-5).

	발생 경위	대책	
상태	주유 작업 중 정전기 제거를 잊는 일이 있음	안전 교육 강화	
트리거	어느 날 주유 작업 중 정전기 불꽃이 튐	정전기가 잘 발생하지 않도록 작업장 온도 관리	각각에 대한 다른 대책을 마련한다. 작게 나누면 빠짐없이 검토할 수 있다.
사고	휘발유에 불이 붙음	휘발유 차량 대신 전기차를 사용	
손해	차량이 크게 손상돼 폐차함	손해보험 가입	

● 그림 5-5 상태·트리거·사고·손해 패턴은 재발 방지책을 빠짐없이 검토하는 데 효율적이다

예를 들어, 대책 중 안전 교육 강화는 바로 시행할 수 있지만 작업장 온도 관리는 야외에서는 불가능한 대책입니다. 휘발유 차량 대신 전기차를 사용하는 것은 비용과 성능 면에서 문제가 될 수 있습니다. 이처럼 각 대책의 현실성과 실효성은 제각각으로, 그중에는 이론적으로는 가능해도 현실적으로는 불가능한 것도 있습니다. 그러나, 생각할 시간조차 아까운 방안까지 포함하여 모조리 써두면 뜻밖에 좋은 아이디어를 발견할지도 모릅니다.

복잡한 인과 관계를 표현하는 데 적합하다

복잡한 인과 관계를 **상태·트리거·사고·손해** 패턴으로 표현하기도 합니다. 하나의 예로, 다음과 같은 보안 사고를 살펴봅시다.

2021년 A시 병원의 내부 정보 시스템이 랜섬웨어에 감염되어 모든 전자 의료 기록 데이터가 암호화되는 까닭에 진료를 못 하는 사건이 발생했습니다. 이 사건의 발단은 업무 연락을 가장하여 병원에 보낸 스팸 이메일의 첨부 파일을 한 직원이 연 것으로, 이 때문에 업데이트하지 않고 사용하던 PC에서 악성 소프트웨어가 실행되었고, PC가 외부에 설치된 공격용 서버에 접속되어 공격자의 원격 조작을 허용한 탓에 데이터가 암호화된 것으로 판단합니다.

이후 조사 결과, 외부에서 병원 내부 정보 시스템에 접속하는 데 이용한 VPN 장치의 취약점을 방치했다는 것과 VPN 장치에 접속할 수 있는 범위를 제한하지 않았던 것이 이유로 밝혀졌습니다.

이 사건에서는 전체 상태를 3가지로 나눌 수 있습니다. **그림 5-6**은 이를 표현한 모습입니다.

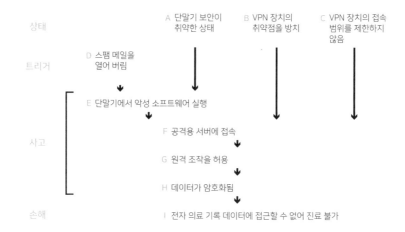

• 그림 5-6 복잡한 인과 관계를 설명한 그림

A, B, C가 바로 계속 이어지는 **상태**, D는 1회 동작이므로 **트리거**, E부터 H까지가 **사고**, I가 **손해**입니다. 사고 범위는 다르게 설정할 수도 있으나 이 책에서는 생략합니다.

먼저 A+D→E의 인과 관계에 주목하세요. 이처럼 여러 가지 원인(A, D)이 하나의 결과(E)로 이어지는 패턴은 자주 봅니다. 더불어 B, C라는 상태에서 E가 발생했기에 F 하단의 사고로 이어졌습니다. 이처럼 여러 가지 원인이 몇 단계 과정을 거쳐 하나로 합쳐지며 커다란 '사고~손해'에 이르는 일이 드물지는 않으나 그 흐름을 글로만 이루어진 보고서로 이해하는 것은 거의 불가능합니다. 이럴 때는 그림으로 설명합시다.

- 관련된 정보를 그림 5-6의 A~I와 같은 요소로 작게 나누고
- 이 위에 화살표를 그어 인과 관계를 나타내고
- 이를 상태, 트리거, 사고, 손해로 분류한다.

이렇게 하면 사건의 전체 개요를 파악할 수 있으므로 효과적인 대책을 마련하는 데 도움이 됩니다.

D는 **트리거**로, 그 위를 보면 **상태**에 해당하는 부분이 빈 것을 알 수 있습니다. 아마도 이 빈 부분에는 '보안 교육이 불충분함'과 같은 정보가 들어갈 수도 있을 겁니다. 그러나 원문에는 없습니다. 문제가 없기에 안 쓴 것, 문제가 있는지를 조사하지 않은 것, 심지어는 문제를 숨기고자 쓰지 않은 것일 가능성도 있습니다. 이처럼 그림으로 설명하면 빈 부분이 쉽게 눈에 띄므로 '이곳에는 뭔가 없을까?'라고 생각하는 계기가 될 수도 있으나 글로만 설명하면 빈 곳 자체를 눈치채지 못하므로 문제가 있더라도 놓칠 확률이 높습니다. 이를 예방하려면 **복잡한 문제인 경우 글이 아닌 그림으로 인과 관계를 나타내도록 보고서를 작성**해야 합니다.

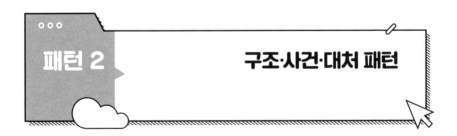

문제 보고 시 사용할 정보 정리 패턴의 또 하나 예로는 구조·사건·대처 패턴을 들 수 있습니다. 먼저 간단한 예를 살펴봅시다.

클라우드 서비스를 제공하는 데이터센터에는 수많은 서버의 온도를 낮추는 냉각 시스템이 있어야 합니다. 냉각 시스템은 열을 바깥으로 배출해야 하므로 외부의 기온이 낮을수록 효율적입니다. 2022년 여름, 영국에서 이상 폭염이 발생했을 때 냉각 시스템의 효율 저하와 냉각 기능에 문제가 발생하여 서버 온도가 상승했습니다. 그 결과, 서버의 손상을 막고자 클라우드 사업자는 어쩔 수 없이 일부 서비스를 중지해야 했으며 냉각 시스템도 증설해야 했습니다.

데이터센터의 냉각 문제 사건에 대해 설명하고 있는 짧은 문장이지만 이 안에는 **구조·사건·대처** 정보가 섞여 있습니다. 그것을 구별해서 쓰면 **그림 5-7**과 같습니다. 이것이 구조·사건·대처의 패턴입니다.

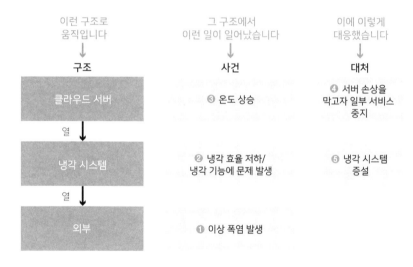

● 그림 5-7 구조·사건·대처 패턴으로 정리한 냉각 문제 사건

"냉각 시스템을 이용하여 클라우드 서버의 열을 바깥으로 배출"하는 것이 구조인데, 이 **구조**에 따라 ❶, ❷, ❸ 사건이 발생했고 ❹, ❺처럼 대처했다는 내용입니다. ❶~❺가 각각의 3개 **구조** 상자에 대응한다는 점에 주의하세요.

이 패턴은 발생한 문제를 표현할 때 사용하므로 **사건**은 '사람의 의도와 상관없이 저절로 일어난 일'이고 **대처**는 사람이 사태를 수습하고자 '생각하여 의도적으로 한 일'입니다. 이 둘을 구별하기 어려울 때도 있으나 기본적으로는 이렇게 나누어 생각하세요.

사건 대부분에는 인과 관계가 있습니다. 이 인과 관계는 **구조**에 따라 일어나는 것이 일반적이므로 **구조**는 **사건**과 구별하여 나타내야 합니다. 그러나 사건과 문제 보고서에서 **구조**를 충분히 설명한 예는 흔하지 않습니다. 대체로 **구조** 부분은 변하지 않는 정보이고 아는 사람이 볼 때는 당연한 일이므로 생략하더라도 뜻이 통하기 때문입니다.

- 데이터센터에는 냉각 시스템이 있어야 한다.
- 냉각 시스템은 열을 바깥으로 배출해야 하므로 외부의 기온이 낮을수록 효율적이다.

실제로 이는 지구에 있는 모든 데이터센터에 해당하는 당연한 지식이므로 문제를 잘 아는 전문가 사이의 의사소통이라면 굳이 쓰지 않아도 됩니다. 그러나 이를 읽는 사람 중에는 예비지식이 부족한 관계자도 있으므로 **구조** 역시 생략하지 않아야 합니다. **사건**의 인과 관계가 왜 발생했는지를 생각하거나 **대처**가 왜 필요한지를 이해하려면 **구조** 지식이 있어야 합니다. 이를 모르는 예비지식이 부족한 사람이라도 이해할 수 있도록 보고서를 쓰려면 생략해서는 안 됩니다.

이와 달리 그림 5-7처럼 **구조·사건·대처**를 구분하여 쓴 다음, 대응 관계를 가로선 한 줄로 정리하면 전문가가 아니더라도 전체 개요를 쉽게 파악할 수 있습니다.

구조와 절차는 다르다

실제로 이 **구조·사건·대처** 패턴을 적용할 때 **구조 부분에 절차를 두는 실수**를 자주 봅니다. 이 예가 바로 **그림 5-8** 왼쪽입니다. 초등학교 과학 시간에 등장하는 단순한 전기 회로를 설명한 것이지만, 회로도가 아닌 이를 만드는 **절차**를 나타냈습니다. 원래는 **그림 5-8** 오른쪽처럼 회로임을 알 수 있는 그림을 그려야 합니다.

시스템(전기 회로 역시 하나의 시스템)에서 문제가 발생했을 때는 이어진 여러 개의 요소 중 한 곳에서 문제가 발생해 이것이 다른 곳에 영향을 끼칠 때가 흔합니다. 이 과정을 파악하려면 구성 요소를 **분리**하고 각 요소의 **관계**를 나타내야 합니다. **그림 5-8** 오른쪽(회로도)은 이 조건을 만족하나 **그림 5-8** 왼쪽(절차 설명)은 그렇지 못합니다.

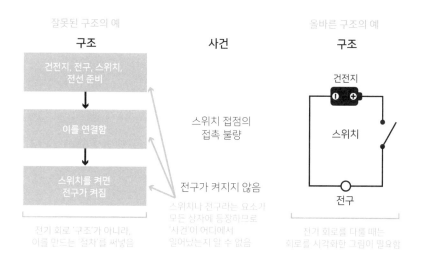

잘못된 구조의 예　　　　　　　　　　　　　올바른 구조의 예
　구조　　　　　　　　　사건　　　　　　　　　구조

건전지, 전구, 스위치,
전선 준비

이를 연결함

스위치를 켜면
전구가 켜짐

스위치 접점의
접촉 불량

전구가 켜지지 않음

스위치나 전구라는 요소가
모든 상자에 등장하므로
'사건'이 어디에서
일어났는지 알 수 없음

전기 회로 '구조'가 아니라,
이를 만드는 '절차'를 써넣음

건전지

스위치

전구

전기 회로를 다룰 때는
회로를 시각화한 그림이 필요함

● 그림 5-8 구조는 절차가 아님

구조를 잘 정리했는지를 확인하는 방법의 하나로, **사건과의 대응 관계를 알 수 있는지**를 들 수 있습니다. 예를 들어, '스위치 접점이 접촉 불량'이라는 사건은 스위치 문제입니다. 그러므로 이에 대응하는 **구조** 부분을 찾으면 **그림 5-8** 오른쪽 회로도에서는 스위치가 한 곳뿐이므로 쉽게 알 수 있으나 **그림 5-8** 왼쪽의 절차 설명에서는 스위치라는 말이 위와 아래 두 곳에 등장합니다. 실제로는 '이를 연결함'이라는 가운데 상자 역시 스위치로 연결한다는 뜻이므로 모든 곳에 스위

치가 있다고 볼 수 있습니다. 전구도 마찬가지로, 회로도에서는 한 곳뿐이지만 절차 설명에서는 모든 곳에서 등장합니다. 각각의 '사건'에 대응하는 '구조'를 하나로 정하지 못한다면 구조가 잘못되었을 가능성이 크므로 이 부분을 다시 살펴봅시다.

최근 작업 방법을 매뉴얼로 만드는 때가 흔한데, 매뉴얼은 대체로 **절차**를 중심으로 쓰므로 **구조** 설명을 생략하는 경우를 자주 봅니다. 이처럼 '절차'만을 정리한 매뉴얼에 따라 업무를 진행하다 보면 **구조**를 파악하여 이를 말로 표현하는 능력을 기르지 못하므로 예상하지 못한 문제가 발생했을 때 이에 잘 대처하지 못합니다. 여기서 소개한 **구조, 사건, 대처** 패턴을 직접 써보며 '구조' 파악 능력을 기르도록 합시다.

▨ 대처와 대책을 구별할 때도 있다

구조·사건·대처가 기본형이기는 하나 필요하다면 다양한 변형을 만들 수도 있습니다. 예를 들어, **'대처'와 '대책'을 구별**할 수도 있습니다. 기본 개념은 다음과 같습니다.

- **대처** 이미 일어난 문제를 해결하는 것
- **대책** 문제가 일어나기 전에 준비하는 것

예를 들어, "사내 통로에 있는 구조물 때문에 부상"을 당했을 때라면 부상을 치료하는 것이 **대처**이고 구조물을 치우는 것이 **대책**입니다. 대처와 대책은 시간적 선후관계나 담당자가 다를 수 있습니다. 예를 들어 부상을 치료하는 것은 의사이고 즉시 실행해야 하지만, 구조물을 치우는 것은 회사 내 누군가로, 당분간 그대로 둔 채 치울 때까지 위험 표지판을 설치할 수도 있습니다.

이에 **대처**와 **대책**에 해당하는 정보가 많을 때는 이 둘을 구별하여 정리하도록 합니다. 대부분은 대처와 대책을 한 줄로 나타내더라도 문제없습니다.

그 밖에도 사건을 근본 원인과 그 영향으로 나누는 것이 바람직할 때도 있으므로, **구조·사건·대처** 분류만으로는 문제를 나타낼 수 없다고 판단한다면 다양하게 변형하여 표현해 보길 바랍니다.

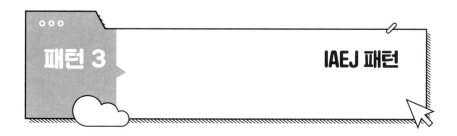

패턴 3   IAEJ 패턴

문제 발생 보고에 사용하는 3번째 정보 정리 방법은 문제를 기반 구조(Infrastructure), 행동(**A**ctivity), 사건(**E**vent), 판단(**J**udge)의 4계층으로 나누어 정리하는 IAEJ 패턴입니다(그림 5-9).

기반 구조(Infrastructure)란 오랫동안 변하지 않는 구조나 장치를 말합니다. 예를 들어, 차가 다니는 넓은 도로는 앞으로도 계속 변함없는 것으로 내일 갑자기 사라지거나 하지 않습니다. 그러나 이 기반 구조에서 일어나는 행동은 짧은 시간에 바뀔 수 있습니다. 예를 들어, 평일은 차가 다니는 도로지만, 휴일에는 교통을 통제하여 사람이 다니기도 합니다. 평소 학생이 운동하던 체육관이 선거때는 개표소로 쓰이거나 재난 시 피난소로 사용되기도 합니다. 이처럼 기반 구조에서 일어나는 활동이 **행동**(Activity)입니다.

이 행동 과정에 일어나는 '문제'가 **사건**(Event)입니다. 차가 다니다 보면 교통사고나 정체가 생기기도 하고 사람이라면 폭력이나 절도가 발생하기도 합니다. 일반적으로 어떤 행동인지에 따라 사건도 달라집니다.

마지막으로 **판단**(Judge)은 이를 정리하여 '평가하는' 것을 말합니다. 예를 들어, "○○ 대로의 복잡한 차량 진입이 정체나 사고를 일으킨다."라는 문장이라면 '대로(기반 구조)', '차량 진입(행동)', '정체나 사고(사건)' 등의 3가지 정보를 정리하고 이를 평가합니다.

● 그림 5-9 IAEJ 패턴

어떤 문제를 해결하고자 할 때는 이처럼 일단 I, A, E로 정리하여 판단하고 다음과 같이 논리를 구성할 때가 흔합니다.

- 이런 까닭에 → **도로를 확장해야 함**(기반 구조와 관련한 제안)
- 이런 까닭에 → **차량 진입을 제한해야 함**(행동과 관련한 제안)
- 이런 까닭에 → **구급 의료 체제를 강화해야 함**(사건과 관련한 제안)

그러므로 IAEJ로 나눈 형태로 정보를 정리했다는 데 의미가 있습니다.

더불어 **구조·사건·대처**의 구조 역할을 하는 것이 I와 A이고 **사건**은 마찬가지로 E에 해당합니다. 한편, **대처**와 **판단**은 전혀 다른 정보입니다. 이처럼 **IAEJ**는 **구조·사건·대처**와 비슷한 점도 있으나 **IAEJ**가 "제안을 염두에 두고 판단하고 정리한다."라는 **미래를 대상**으로 하는 문맥이라면, **구조·사건·대처**는 "일어난 일에 어떻게 대처했는지를 기록한다."처럼 **과거를 대상**으로 사용할 때가 흔하다는 데 차이가 있습니다.

▣ 정해진 방법은 아니므로 다양하게 응용하자

지금까지 **상태·트리거·사고·손해 패턴**, **구조·사건·대처 패턴**, **IAEJ 패턴** 등 3가지를 알아보았습니다. 이 모두는 변경해서는 안 되는, 즉 정해진 방법이 아니므로 필요하다면 다양하게 응용하도록 합시다. 예를 들어, **구조·사건·대처**에서 대처와 대책을 분리한다든지 **IAEJ**에 대처나 대책(방침)을 추가할 수도 있습니다. 문제마다 어울리는 패턴은 다르므로 이 장에서 살펴본 내용을 그대로 따라 하지 말고 더 나은 방법은 없을지 다양하게 시도해 봅시다.

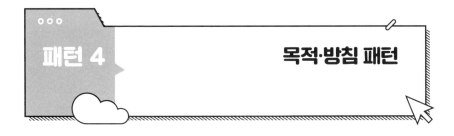

패턴 4   목적·방침 패턴

"배가 고프니 짜장면이라도 먹자."라는 문장을 잘게 나누면 다음과 같을 겁니다.

> **문제**   배가 고픔
> **목적**   배고픔 해결
> **행동**   짜장면 먹기

행동에는 목적이 있으며 일반적으로 **문제** 해결을 **목적**으로 할 때가 흔하므로 문제·목적·행동 3가지는 하나의 집합을 이룹니다. 그러나 일상 대화에서는 이 모두를 명시할 수 없습니다. 예를 들어, "지금은 배가 고프다는 것이 문제이므로 배고픔 해결 목적을 달성하고자 짜장면 먹을 것을 제안한다."처럼 말하지는 않을 겁니다. 내용이 간단하므로 일상 대화라면 모두 생략하고 "배가 고프니 짜장면이라도 먹자."라고 표현하면 충분합니다. 그러나 복잡한 비즈니스 의사소통에도 이 방식을 적용하려 하면 문제가 발생합니다.

그림 5-10은 어떤 신입사원이 연수 중에 쓴 주간 보고서 **원문** 일부와 이를 **개선한 예**입니다. 이 글은 신입사원이 쓴 주간 보고서로는 평범한 내용이므로 별 문제가 없어 보이나 실제로는 정리가 서툽니다. 개선한 예에서는 원문을 목적과 방침으로 나누어 형식을 정렬했습니다.

원문을 잘 보면 (1)은 목적→방침 순서, (2)는 방침→목적 순서, (3)은 **목적을 생략**하는 등 형식이 일관되지 않습니다. 일관되지 않으면 하나하나 독해하고 추측해야 하므로 읽는 이에게는 부담입니다. "무엇을 위해 무엇을 하겠다(했다)."라는 문장은 보고서에 자주 등장하는 기본 형태이므로 목적과 방침 패턴을 염두에 두면 좋습니다.

【원문】연수 중인 신입 사원이 쓴 주간 보고서 일부(목적과 방침을 분리하지 않음)

■이후 진행 방침
(1) 실행 결과와 정답 예가 같아지도록, 사용할 함수나 구문 작성 방식에 주의하여 코딩한다.
(2) 짧게, 그리고 깔끔하고 보기 좋게 프로그램을 작성하여 오류가 발생한 곳을 쉽게 찾을 수 있도록 한다.
(3) 과제를 제출하기 전에 입력 실수를 확인하고, 함수 사용 방법을 코딩 단계에서 확인한다.

【개선 예】목적과 방침을 분리함

■이후 진행 방침
(1) 목적: 해답 예와 같은 실행 결과 얻기
    방침: 사용할 함수와 구문 작성 방식에 주의하여 코딩함
(2) 목적: 오류가 발생한 곳을 쉽게 찾기
    방침: 짧게, 그리고 깔끔하고 보기 좋게 프로그램을 작성하도록 함
(3) 목적: 초보적인 실수 줄이기
    방침: 제출 전에 틀린 곳이 없는지 확인하고, 함수 사용 방법은 코딩 단계에서 확인함

• 그림 5-10 목적과 방침 패턴을 사용하여 개선한 사례

단, 구체적인 라벨(짧은 제목)은 달라질 수 있습니다. 이런 주간 보고서 내용이라면 행동보다는 방침이 어울리며 시책, 수단, 방법 등의 용어가 어울릴 때도 있습니다. 목적 대신 목표 또는 문제 대신 상황을 사용하기도 합니다. 언제 어떤 이름으로 할 것인가는 정해진 것이 없으므로 문맥이나 흐름에 따라 적당하게 선택하세요. 다양하다고는 하지만 "○○을 위해 ○○한다."처럼 목적과 방침(행동)에 해당하는 개념이 있을 때가 대부분이므로 이를 바탕으로 하여 정하도록 합시다.

★●● 정리

- 결론부터 말하려면 의도와 평가 기준이 중요하다.
- 결론은 상황 파악과 제안을 포함한다.
- 구조·사건·대처 패턴이나 상태·트리거·사고·손해 패턴을 활용하자.

표현할 형식, 정보의 양, 매체

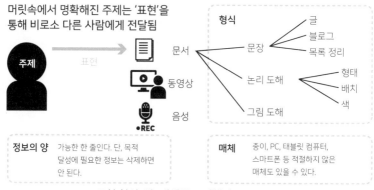

머릿속에서 명확해진 주제는 '표현'을
통해 비로소 다른 사람에게 전달됨

주제　→　표현

문서

동영상

음성
●REC

형식

문장　→　글
　　　　블로그
　　　　목록 정리

논리 도해　→　형태
　　　　　배치
　　　　　색

그림 도해

정보의 양　가능한 한 줄인다. 단, 목적
　　　　　달성에 필요한 정보는 삭제하면
　　　　　안 된다.

매체　종이, PC, 태블릿 컴퓨터,
　　　스마트폰 등 적절하지 않은
　　　매체도 있을 수 있다.

표현 형식, 양, 매체를 고려했나요?

'무엇을 말하고 싶은가?'라는 주제가 머릿속에서 명확해졌다면 이번에는 이를 상대에게
전달하고자 표현해야 합니다. 표현 방법은 무척 다양한데, 현실적인 이유로 몇 가지 방법
을 주로 사용합니다. 동영상이나 음성을 사용하지 않는 '문서'를 예로 들면, 그림으로 나
타내면 설명하기 쉬운 정보를 글로만 열심히 설명하여 올바르게 전달하지 못하는 예가
흔합니다. 작성 도구(소프트웨어)의 기능이 부족했던 시절에는 어쩔 수 없이 이 방법을 쓰
기도 했지만, 그리기 도구가 발달한 지금이라면 그림을 적극적으로 활용하도록 합시다.
글로만 논리 구조를 설명하라고 한다면 이는 마치 손발을 묶고 헤엄치라는 것과 다름없
습니다. 쓸데없는 고생은 피합시다.

사람이든 방법이든 적재적소가 중요합니다. **정보는 전하고자 하는 주제에 맞는 형식으
로 나타냅시다.** 이 책에서는 다루지 않지만, 동영상이나 음성도 쉽게 사용할 수 있는 시
대이므로 **주제를 더 잘 드러내도록 자유롭게 표현**할 수 있을 겁니다.

6장

기획서·제안서

> 66

보고서가 과거의 이해를 불러일으키는 문서인 반면, **기획서와 제안서**는
미래를 향한 행동을 촉구하는 문서입니다. 미래를 향한 행동을 촉구할
때는, 대개 목표를 실현하기 위한 정책을 이야기합니다. 여기서는
목표·현상·정책이나 PREP, FABE 등, 기획하여 제안할 때 자주 쓰이는
패턴을 알아보도록 합시다.

기획서·제안서의 특징

이 장에서는 어떠한 기획 제안을 하는 문서인 기획서 및 제안서에 대해 생각해 봅니다. 우선 가장 기본적인 사항은, **그림 6-1**과 같은 구조입니다.

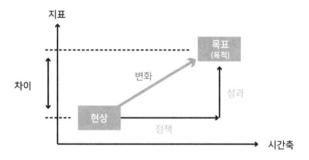

● 그림 6-1 기획서·제안서의 특징

세로축은 성과를 도모하는 지표, 가로축은 시간이라고 생각해 주세요. **기획**이란 어떤 행동을 제안하는 것이며, 행동에는 **목표**가 있습니다. 목표는 현상을 바탕으로 설정되는 것이므로, 현상이 어떠하며 목표는 어디에 있는지, 그 사이에서 어떤 변화를 일으키고 싶은지를 명확히 해야 합니다.

패턴 1

목표·현상·정책·성과

예를 들어, 어떤 야구 선수에게 코치가 이런 제안을 했다고 해봅시다.

> 공을 멀리 날려 보내려면 근력이 필요해. 지금 네가 하는 벤치프레스 무게가 60kg이지만, 앞으로 2개월에 걸쳐서 80kg까지 올리는 것을 목표로 삼자. 또, 훈련 과정에 주 3회 1시간의 근력 트레이닝도 추가하고, 하루 단백질 섭취량도 20g 더 늘리자.

이것을 목표·현상·정책·성과로 정리하면 다음처럼 됩니다.

- **목표** 벤치프레스 80kg
- **현상** 벤치프레스 60kg
- **정책** 2개월간 주 3회 근력 트레이닝 및 단백질 섭취량 증량
- **성과** 벤치프레스 20kg 증량

이 4가지 항목은 어떤 기획 제안이든지 기본입니다. 단, 구체적인 항목(구성요소)의 이름은 다를 수 있습니다. 실제로 기획서 작성 방법을 주제로 한 서적을 몇 권 확인해 보면, 일견 저마다 다른 것을 써놓은 듯 보입니다. 몇 가지 소개해 보지요.

히라타 에이지(平田英二, 2003)는 기획서의 필수 요소를 그림 6-2와 같이 정의하였습니다. 이 구성의 경우 현상을 과제, 정책을 기본 방침, 목

기획서의 필수 요소

'기획을 전달'하기 위해 최소한으로 필요한 요소

각 부분의 위치

과제	이 기획으로 해결해야 하는 과제는 무엇인지, 문제가 무엇인지 제시하는 페이지
기본 방침	과제 해결·문제 해결을 위해서 어떤 방침(전략)으로 임할지를 제시하는 페이지
목표 · 의도	어디에 목표를 둘지, 어떻게 목표를 설정했는지를 제시하는 페이지

● 그림 6-2 기획서의 필수 요소(발췌)

출처: 平田英二(2003)『仕事に直結する企画書の書き方』(ナツメ社、ISBN:9784816336140)、p.59「企画書の必須要素」より「各パートの位置づけ」

표를 목표·의도라 부르고 있습니다.

이어서 일본의 주식회사 이노베이션이 운영하는 웹 사이트 Urumo!의 노하우 기사에서는, 기획서에 써야 할 5개 요소를 **그림 6-3**과 같이 제시했습니다. 이 방식에서는 현상을 현상분석, **목표·정책·성과**의 개요를 기획 목적과 전체 모습이라고 부르고, **정책**의 상세를 기획의 구체적인 내용, 스케줄, 수지계획 3가지로 분해한 형태로 구성하고 있습니다.

【기획서 제목】

현상 분석

기획 목적과 전체 모습

기획의 구체적인 내용
· 누구에게 무엇을
· 어떻게

스케줄

수지 계획

● 그림 6-3 기획서에 써야 할 5개 요소

출처: Urumo !(2022.03.28)「企画書って何を書くの…？企画書に書くべき5つの要素」ノウハウ記事、(https://www.innovation.co.jp/urumo/project-proposal/)

그 밖에도 **기획서**의 구성법은 다양합니다. 상황에 따라 중요하게 여기는 요점이 다르므로, 그것을 한 종류로 정리할 수 없습니다. 예를 들어, 비즈니스 기획이라면 **수지 계획**은 당연히 들어간다고 생각되지만, 수지를 금액으로 측정하기 어려운 기획도 있기 때문에 꼭 '절대'라고는 말할 수 없습니다. **스케줄**을 독립 항목으로 중요하게 여길 필요가 있을 때는, "A태스크가 완료되면 B태스크, 그다음 C태스크……" 같이 태스크를 분해해 차례대로 실행하는 기획인 경우, 혹은 각각 필요한 기재나 인원을 사전 수배하지 않으면 할 수 없는 기획인 경우뿐입니다.

엄밀히 말해 **목표**와 **목적**은 다릅니다만 구별하지 않는 경우도 많으며, **목표** 대신에 **목적**이란 용어가 쓰이는 일도 있습니다. **현상** 대신에 "지금 과제는, 벤치프레스 무게를 60kg밖에 하지 못하는 것"이란 식으로 **과제**, 혹은 **문제(점)**라 부르는 경우도 있습니다.

그런 까닭에 개별 현황에 따른 항목(구성요소)의 이름이 다른 경우도 있지만, 그것을 추상화한 가장 기본적인 항목이 바로 목표·현상·정책·성과의 4항목인 것입니다. 어디부터 손을 대야 할지 모르겠을 때는, 이 기본으로 되돌아가서 생각하도록 하세요.

⬚ 6W2H 사고법도 참고하자

기획서 작성법 혹은 기획 입안 방법 교과서에 자주 실리는 가이드라인에, "기획을 세울 때는 6W2H를 분명히 하자."란 말이 있습니다. 이는 다음의 8항목, 6W2H를 명시하자는 사고법입니다.

- **1. Who** 누가 추진하는가?
- **2. Whom** 누구를 대상으로 하는 기획인가?
- **3. What** 어떤 기획 내용인가?
- **4. When** 언제 실시하는가?
- **5. Where** 어디서 실시하는가?
- **6. Why** 어째서 필요한가?
- **7. How** 어떤 방법으로 실시하는가?
- **8. How much** 필요한 비용은 어느 정도인가?

이것도 어느 정도 도움이 되니 한 번쯤 시도해 보면 좋을 겁니다. 다만 중요도는 앞서 말한 **목표·현상·정책·성과**에 비하면 한 단계 떨어집니다. 이는 **6W2H**는 전체 기획에서 지엽에 해당하는 개념일 뿐, 줄기가 아니기 때문입니다. 그 이유는 **그림 6-4**를 보면 알 수 있습니다. 그림 상단은 "카레를 먹고 싶지만 재료가 없으니 사러 가자."라는 간단한 문장을 **목표·문제(현상)·정책**으로 분해한 것으로, 곧 기획의 **개요**를 나타냅니다. 그림 하단은 6W2H 사고법으로 개요를 구체화한 것으로, 기획의 상세에 해당합니다. 덧붙여 문제에 대해서는 단순히 '없다'로만 되어 상세한 정보가 없습니다.

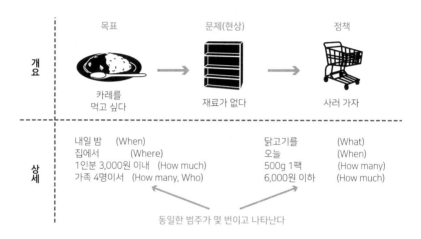

● 그림 6-4 목표·문제(현상)·정책과 6W2H

　기획을 구상한다면 순서는 대개 "카레를 먹고 싶다"란 개요가 먼저 있고, 그 다음 '언제, 어디서'의 상세를 생각하는 흐름입니다. 그렇다면 **개요가 정해지지 않은 단계에서 6W2H를 생각해도 별 의미가 없다**는 이야기입니다. 더욱이 그림 6-4에서도 When이나 How, Many/Much가 목표와 정책 양쪽에 있거나 현상에는 없거나 하는 식으로, 하나의 기획에서 6W2H가 몇 번이고 나타나는 것이 보통입니다.

　결국 **목표** 이야기인지 **문제** 이야기인지를 개요 수준을 분명히 하지 않고는 특정할 수 없기 때문에, 6W2H의 항목 이름을 외워봤자, 그다지 도움이 되지 않습니다. 반대로 개요 수준을 확실히 하면 항목 이름을 기억하지 못하더라도 6W2H의 정보는 잘 생각하면 떠오르는 경우가 많습니다. 그러므로 기획을 세울 때는 6W2H보다도 우선은 개요 수준의 정보를 간단하고 명확하게 만드는 데 힘써주세요.

▨ 목표와 성과의 차이는?

목표와 성과를 거의 동일한 의미로 사용하는 경우도 있습니다. 앞서 나온 야구선수의 예에서 "성과=벤치프레스 20kg 증량"이란, 곧 '80kg'을 뜻하는 것이므로 이는 목표와 같습니다. 목표를 달성하기 위해 정책을 펼치는 것이기 때문에, 그 성과가 목표와 같아지는 것은 드문 일이 아닙니다.

그렇다고 해도 차이가 나는 경우도 있습니다. 애초에 목표란, 기획을 실행하기 전에 지향하는 것이지만, 성과의 본래 의미는 실행하여 얻은 것이며 사후 평가라는 점입니다. 따라서 성과는 목표를 초과하기도 하고 밑도는 경우도 있습니다. 또한, 의도하지 않았던 이질적인 성과를 얻는 수도 있습니다. 예를 들어 "공을 멀리 날려 보낼 근력을 획득"하기 위해 벤치프레스를 했지만, "대흉근이 붙어서 멋있어졌다"고 한다면 목표와는 상관없지만 성과라고는 할 수 있을 터입니다.

기획서를 작성하는 단계(실행 전)에서 **목표**와 성과를 구별하는 경우도 있습니다. 전술한 대로 "근력 트레이닝을 해서 멋있어졌다"와 같이 정책에 따른 부수적인 성과가 날 때도 많고, 그것은 목표는 아니지만 기획을 채택할지 말지 판단하는 데는 영향을 줄 수 있습니다. 그렇기에 기대되는 성과로서 적는 것입니다.

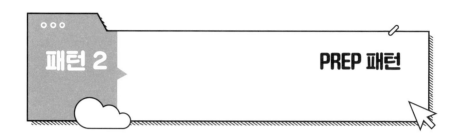

PREP 패턴

목표·현상·정책·성과와는 별개로, PREP이라는 패턴도 소개하겠습니다. PREP 패턴의 기본형은 **그림 6-5**와 같습니다.

요점	Point	인력 부족을 해소하기 위해, 원격 근무 제도를 확충해야 합니다.
이유	Reason	유능하지만 풀타임 출근이 어려운 인재를, 채용하기 유리해지기 때문입니다.
증거	Evidence	해당되는 인재가 수도권만 해도 10만 명이라는 데이터도 있습니다.
예시	Example	실제로 당사의 동일 업종에서 성공한 사례도 있습니다.
요점	Point	그러므로 원격 근무 제도의 도입 검토를 시작해도 괜찮겠습니까?

> 머리글자를 따서 **PREP**(프렙)이라고 부름.
> E는 Evidence(증거) 혹은 Example(예시)인데, 이 예에서처럼 양쪽 모두 사용하는 경우도 있음.

● 그림 6-5 PREP 패턴의 기본형

처음의 Point(요점)는, **가장 말하고 싶은 것**입니다. 이 한마디만으로 "좋아, 알았어. 해줘."라고 승인된다면 나머지를 말할 필요가 없을 것 같은, 그 한마디를 Point에 가져옵니다. 그러므로 **Point**에는 통상, "원격 근무 제도를 확충해야 한다"와 같은 **행동을 제안하는 말**이 들어갑니다. 채용이 유리해진다나, 수도권만 해도 10만 명 등의 정보는 모두 행동을 제안하지 않으므로 **Point**에는 들어가지 않습니다.

그 **행동이 왜 필요한지 효과적으로 설명**하는 것이 Reason(이유)이며, 그 근거가 되는 것이 Evidence(증거) 또는 Example(예시)입니다. 통상 **Reason**은 정성적, **Evidence**는 정량적, **Example**은 개별 사례 정보를 담게 되지만, 반드시 그렇지만은 않습니다.

그리고 마지막으로 다시 한번 Point(요점)를 반복하면서 마무리 짓습니다.

이 일련의 흐름을 머리글자로 집약한 것이 **PREP**입니다. 널리 알려진 방법이므로, 여러 서적이나 웹 사이트에 소개되어 있습니다. 다만 **E**에 대해서는 **Evidence(증거)** 또는 **Example(예시)** 중 어느 한쪽만을 설명하고 있는 경우가 많은데, 어느 쪽이든 도움이 되므로 양쪽을 사용해도 상관없습니다.

Point를 처음과 끝에 두 번 말하는 것은, 처음 언급하는 Point는 "지금부터 이 이야기를 하겠습니다"라는 화제를 명시하는 의미이며, 끝에는 "어떻게 할까요? 결정해 주세요"라며 **판단을 촉구**하는 의미가 있기 때문입니다. 그림 6-5의 "~해도 괜찮겠습니까?"처럼, 여부를 묻는 표현을 사용합니다.

회사 경영에 종사하는 바쁜 사람은 의사결정을 하는 것이 일입니다. 따라서 어떤 이야기를 할 때는, 무엇을 결정하기 위한 이야기인지를 먼저 명시할 필요가 있습니다. 그래서 **Reason**이나 **Evidence**가 아닌 **Point**를 선두에 두고, 마지막으로 다시 한번 "결정해 주세요"라고 거듭 확인하는 것입니다.

이 PREP 패턴은 제안이 아니라 조사 보고에 사용되기도 하며, 이 경우 **Point**는 제안 일보 직전의 상황 파악 단계의 내용이 될 수 있습니다(상황 파악과 제안의 차이에 관해서는 **그림 5-3** 참조).

또한 **PREP**의 P를 Assertion(주장)으로 바꾼 AREA법이라는 패턴도 있습니다만, 실질적으로 같은 것이라 생각해도 무방합니다. 어쨌든 간결한 보고나 제안에 도움이 될 터이니, **PREP**(AREA) 패턴은 꼭 익혀두도록 합시다.

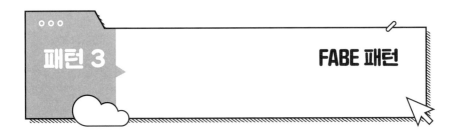

상품이나 서비스를 판매하고자 할 때는, 종종 경쟁 상대가 있습니다. 그럴 때 사용할 수 있는 FABE 패턴은, 판매 전체를 특징·우위성·이익·증거로 분해해 구성합니다.

이 패턴의 배경에는 **틀·성능·용도**라는 구조가 있는데, 우선은 그것부터 이해해 보겠습니다. **그림 6-6** 왼쪽 기본 구조에 있는 것처럼, 제품에는 어떤 **틀**이 있습니다. 자동차라면 엔진, 컴퓨터라면 CPU가 되겠지요. 그 틀은 외부에 대해서 어떠한 **성능**을 발휘합니다. 엔진이라면 마력으로 표시되는 출력, CPU라면 처리 능력입니다. **용도**는 그 성능의 사용법입니다. 자동차라면 중량물 운반, 컴퓨터라면 영상 처리를 예로 들 수 있겠습니다.

어떤 제품을 판매하고자 할 때는 경쟁 상대보다 어디에서 우위가 있는지 생각하여, **틀**의 차이를 특징, **성능**의 차이를 우위성, **용도** 단계에서 생겨나는 차이를 이익으로 정리합니다. 마지막으로 증거는 이 차이들을 납득시키는 정량적인 근거로, 4항목을 모두 묶어 FABE라 부릅니다.

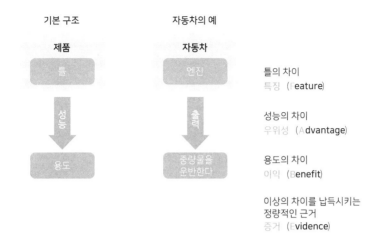

	기본 구조		자동차의 예	

제품   자동차

틀   엔진

틀의 차이
특징 (Feature)

성능   출력

성능의 차이
우위성 (Advantage)

용도   중량물을 운반한다

용도의 차이
이익 (Benefit)

이상의 차이를 납득시키는
정량적인 근거
증거 (Evidence)

● 그림 6-6 FABE 패턴의 기본 구조

그럼 구체적인 예로 살펴봅시다. **그림 6-7**은 어느 경차의 판매 문구를 FABE 패턴으로 분해한 것입니다. "터보 엔진 탑재"는 **틀** 이야기이므로 **Feature(특징)**, "고출력을 낼 수 있음"은 **성능**을 언급하고 있으므로 **Advantage(우위성)**, "중량물을 싣고도 비탈길을 편히 오를 수 있음"은 **Benefit(이익)**, "그런 상황(중량물+비탈길)에서 사용될 일이 많은 경차 개조 캠핑카 중에는, 터보 엔진 탑재 차량이 40%에 달한다"라는 정보는 **Evidence(증거)**가 됩니다.

특징	Feature	터보 엔진 탑재
우위성	Advantage	터보 차량이 아닌 차량보다, 고출력을 낼 수 있음
이익	Benefit	중량물을 싣고도 비탈길을 편히 오를 수 있음
증거	Evidence	경차 개조 캠핑카의 4할

● 그림 6-7 FABE 패턴으로 분해한 경차 판매 문구

이 **FABE** 패턴은 기획보다 오프라인 매장에서 예상 고객의 질문을 받아 대답하는 영업과 세일즈 현장에서 자주 사용됩니다만, 프레젠테이션할 때도 사용할 수 있으므로 경쟁 상대가 있는 상황에서 판매할 때 참고하여 활용하길 바랍니다.

★ ●● 정리

- 기획서와 제안서의 기본은 목표·현상·정책·성과
- 기획의 개요를 정한 후, 상세화할 때는 **6W2H**가 도움이 된다.
- 다른 사람에게 전달할 때는 **PREP** 패턴으로 얼개를 짤 수 있다.
- 경쟁 상대가 있을 때는 FABE 패턴으로 정보를 분해하여 영업 제안에 사용할 수 있다.

긴 글은 문단(단락)으로 분해하자

긴 글을 쓸 때는, 가능한 다음 가이드라인을 지켜봅시다!

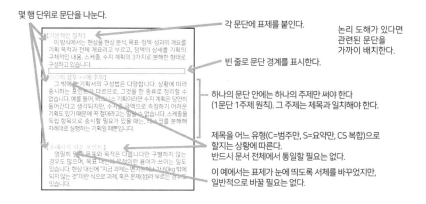

몇 행 단위로 문단을 나눈다.

각 문단에 표제를 붙인다.

논리 도해가 있다면 관련된 문단을 가까이 배치한다.

빈 줄로 문단 경계를 표시한다.

하나의 문단 안에는 하나의 주제만 써야 한다 (1문단 1주제 원칙). 그 주제는 제목과 일치해야 한다.

제목을 어느 유형(C=범주만, S=요약만, CS 복합)으로 할지는 상황에 따른다.
반드시 문서 전체에서 통일할 필요는 없다.

이 예에서는 표제가 눈에 띄도록 서체를 바꾸었지만, 일반적으로 바꿀 필요는 없다.

긴 글을 쓸 때는 화제에 따라 문단을 나누세요. 문단은 영어로 Paragraph라 하고, 문단을 단위로 글을 쓰는 것을 Paragraph Writing(패러그래프 라이팅, 문단 글쓰기)라 합니다. 패러그래프 라이팅은 학술 논문의 기본 스타일이므로, 대학 등에서 배운 분도 있을 것입니다. 학술 논문에 한정하지 않고 비즈니스 보고서에서도 이것이 기본이며, 특히 외국계 기업에서는 철저히 준수됩니다만, 국내 기업에서는 그다지 지켜지지 않습니다. (그러다 보니 국내 기업에서 외국계로 이직하면 곤란한 경우가 있는 듯합니다.)

문단은 행 수/문자 수가 아니라 주제의 묶음별로 분할됩니다. 때문에 이론상, 문단은 단 1행으로 구성되어도 되고 반대로 100행이 넘을 수도 있습니다. 그렇지만 너무 길어지면 이해하기 어렵기 때문에 실무적으로는 몇 행 단위로 구분함이 타당합니다. 덧붙여, 표제를 독립시키지 않고 보통의 문장으로 문단 첫머리에 포함시켜 작성하는 방식도 있습니다. 그 경우 첫 번째 문장을 Topic Sentence(주제문, 주제를 요약한 문장)라고 합니다. 하지만 이 책에서는 표제를 확실히 구분하는 방식을 권장합니다.

교육용 문서

66

업무 매뉴얼이나 취급 설명서 등 교육에 사용되는 문서는 신입사원 교육이
아니더라도 인재 육성의 관점에서 중요합니다. 교육 문서에 자주 쓰이는
조건·지시·이유, Case-Measure, 사실·해석·방침·영향 패턴을 알아봅시다.

[조건+지시] 패턴

신입사원에게 업무 처리 방법을 가르친다, 오퍼레이터에게 새로운 시스템 조작 절차를 가르친다, 개발팀 내에 새로운 기술을 도입한다 등 업무를 하기 위해 **교육**을 해야 하는 경우가 많이 있습니다. 그리고 당연히 교육용 문서가 있을 겁니다. 그 이름은 절차서, 설명서, 매뉴얼, 규칙 혹은 기술 해설 등으로 불릴 때도 있어 천차만별이지만, 공통으로 지시가 포함되어 있습니다.

- 근무 수칙: 출근/퇴근 시 출퇴근 관리 프로그램으로 시각을 기록한다.
- 설계 매뉴얼: 주요 통신 경로는 다중화(redundancy)한다.
- 업무 매뉴얼: 사고 징후를 감지한 경우, 사고 대응 프로세스를 시작한다.

이것들은 **지시**를 포함한 문장의 예입니다. 대체로, "어떤 경우에(조건)+어떻게 한다(지시)"와 같이 [조건+지시]를 세트로 사용합니다. 조건에도 여러 종류가 있는데, 다음이 그 예입니다.

- 시작 조건: 프라이팬이 달궈지면 고기를 넣고 볶습니다.
- 완료 조건: 양파가 갈색이 될 때까지 볶습니다.
- 지시 수칙: 타지 않도록 저온에서 볶습니다.

시작 조건과 완료 조건은 각각의 동작을 시작 혹은 완료하는 시점을 나타내는 것이며, 지시 수식은 동작 자체의 정도를 조정하는 역할을 합니다. 3장의 그림 3-8의 요리 레시피(병렬 구조의 예)에서 완료 조건을 독립 항목으로 분리했듯, **지시**와 **조건**은 분리해 쓰는 편이 다루기 쉬울 때가 많습니다.

▨ 지시·이유 패턴

지시에는 **조건** 외에 이유가 딸린 경우도 있습니다. **그림 7-1**은 어느 회사의 정보 시스템팀에서 전 사원에게 송부한 지시 메일입니다. 메일을 받은 사원들은 "대체 뭘 해 달라는 건지 모르겠어! 짜증 나!"라며 크게 불평했습니다. 왜 그랬을까요? 본문의 전반부는 이유만 계속 나열할 뿐이고 절반이 넘어서야 겨우 지시가 나왔기 때문에, 단번에 무엇을 하라는 메일인지 파악하기에 어려웠기 때문입니다.

어느 회사의 정보 시스템팀에서 전 사원에게 송부한 메일입니다.
지시(파란색)와 이유(검은색)가 혼재되어 있어, 지시를 빠르게 파악하기 어렵습니다.

제목	컴퓨터 종료와 관련하여
본문	컴퓨터 종료와 관련하여, 퇴근 처리를 하고서는 컴퓨터를 종료하지 않고 귀가하는 실수를 하는 사람이 있는 듯합니다. 특히, 윈도우 업데이트가 있을 경우나 다른 프로그램이 작동 중인 경우에는 종료에 시간이 걸리거나 자동으로 꺼지지 않을 때가 있습니다. 아무도 사용하지 않는 컴퓨터가 켜져 있으면 보안상 바람직하지 않으므로, 귀가 전에 반드시 컴퓨터를 종료해 주세요. 최소한 "컴퓨터가 종료됩니다"라는 화면이 나타날 때까지 기다렸다가 퇴근하길 바랍니다. 또한 설정에 따라 다르지만, 노트북의 덮개를 닫으면 그 상태로 일시 정지만 되고 전원이 종료되지 않는 경우가 있으므로 주의해 주세요.

● 그림 7-1 지시와 이유가 혼재되어서는 안 된다

실은 이처럼 지시 앞에 이유가 길게 적힌 문서는 자주 볼 수 있습니다. 이는 수신자를 짜증 나게 하며, 지시가 간과될 가능성도 높입니다. **그림 7-1**의 예처럼 기술적인 이유를 포함한 문서는 이유가 길어지기 쉬운 경향이 있어 특히 문제가 됩니다. **지시와 이유는 분리해서 쓰도록 합시다.** 시키는 대로 하고 빨리 해결하고 싶은 사람에게는, 그 편이 훨씬 편할 겁니다.

이유를 첫머리에 장황하게 써버리는 것은, "왜 이렇게 귀찮은 일을 해야 해?"란 반발에 대해 "이런 이유가 있어서 어쩔 수 없어요."라는 변호를 하고 싶어서가 아닐까요? 물론 그 나름대로 일리는 있습니다. 인간은 이유 없이 지시받는 것을 싫어하는 생물입니다. 로버트 치알디니(Robert B. Cialdini)의 《설득의 심리학(Influence)》이라는 책에는 이런 사례가 소개되어 있습니다.

복사기 앞에 줄 서 있는 사람에게, 먼저 복사하게 해 달라고 부탁한다고 합시다. 다음 세 가지 말 중, 승낙을 받을 확률이 높은 것은 무엇입니까?

- ① "죄송합니다. 5장만 복사하면 되는데, 제가 먼저 복사하게 해 주시겠습니까?"라고 부탁한다. (이유 없음)
- ② "죄송합니다. 5장만 복사하면 되는데, 제가 먼저 복사하게 해 주시겠습니까? **제가 좀 급해서요.**"라고 부탁한다. (이유 있음)
- ③ "죄송합니다. 5장만 복사하면 되는데, 제가 먼저 복사하게 해 주시겠습니까? **복사를 꼭 해가야 하거든요.**"라고 부탁한다. (이유 있음)

실험 결과, ①번의 성공률이 60%였던 반면 ②번과 ③번의 성공률은 약 94%에 달했습니다.

차례를 양보받았으면 하는 이유를 설명하는 쪽이, 상대방이 부탁에 응해줄 비율이 높은 것입니다. 다른 예를 보자면, 거리에서 갑자기 모르는 사람으로부터 "2,000원 빌려주세요."란 말을 들으면 대부분은 거절할 테지요. 그러나 만약 "집에 가고 싶은데 돈이 없어요. 교통비로 2,000원만 빌려주세요."라며 이유를 듣게 된다면, 의심하지 않고 빌려줄 사람이 꽤 있을 겁니다. 이유를 이야기하는 데는 그만한 효과가 있습니다.

게다가 ③번을 자세히 보면 "복사를 꼭 해가야 하거든요."라고 했지만, 이 점은 복사기에 줄 선 모든 사람이 같을 터이므로 실질적인 의미가 없습니다. 그런데도 ②번의 "제가 좀 급해서요."와 같은 성공률을 거둔 것은, 이런 종류의 사소한 부탁에 관해서는 이유의 내용을 신경 쓰는 사람은 거의 없다는 걸 뜻한다고 볼 수 있습니다. 요컨대 **이유를 설명하고 양해를 구하려는, 상대를 존중하는 자세를 갖춘다면 충분**하다는 이야기입니다.

그런 만큼 이유를 제시하는 데는 분명 의미가 있겠지만, **이유와 지시를 섞어서**

쓰면 안 됩니다. 그림 7-1의 지시와 이유를 분리하여 지시사항만 절차로 만들면 그림 7-2와 같습니다.

지시사항만 절차로 만든 예(이유는 이 앞이나 뒤에 분리함)

【지시】 귀가 전에는 반드시 컴퓨터를 종료해 주세요.
순서는 다음과 같습니다.
↓
순서 1: 종료 명령을 내립니다.
순서 2: "컴퓨터가 종료됩니다"란 화면이 나타나는 것을 확인합니다.
　　　　(데스크톱의 경우, 이 화면을 보고 퇴근하면 됩니다.)
순서 3: 노트북의 경우, 다음 중 하나의 방법으로 대응해 주세요.
　　　　① 완전히 전원이 꺼지길 기다린 후, 노트북을 덮고 귀가
　　　　② "컴퓨터가 종료됩니다"란 화면이 나타난 후, 노트북을 덮지 않고 귀가

● 그림 7-2 지시사항만 절차로 만든 예

　이유는 지시사항의 뒤나 앞에 정리해 쓰도록 합니다. 지시사항 부분은 해줬으면 하는 것을 독자가 단시간에 명료하게 이해할 수 있는지가 핵심이므로, 애매한 표현은 지양하고 단문으로 쓰는 것이 중요합니다. 상대방의 기분이나 사정을 배려하며 예의 바르게 표현하려 하면, 아무래도 문장이 복잡해지기 쉽습니다. 지시사항은 그런 군더더기 없이 깔끔하게 단언하는 게 좋습니다.

　이유를 설명하려 할 때, **그림 7-2**의 순서마다 다른 이유가 붙는 경우가 있습니다. 그 대응관계를 명시하기 위해서는 라벨(짧은 제목)이 필요합니다. 이때 라벨에 '순서 1'처럼 숫자를 사용하여 "순서 1이 필요한 이유는~"과 같이 작성하면, 이유를 분리해 정리하더라도 어느 부분을 설명하고 있는지를 분명히 할 수 있습니다. 내용에 따라서는 **지시**가 절차가 아니라 사례(다음 절에서 설명)일 때도 있어, 항상 '순서 N'이라는 라벨을 쓸 수 있는 것은 아닙니다. 그럴 때는 적절히 다른 라벨을 붙입시다. 아무튼 긴 정보는 작게 나누어 라벨을 붙이도록 유의해 주세요.

Case-Measure 패턴

이 장 첫머리에 "교육용 문서에는 [조건+지시]의 패턴이 많다"란 이야기를 했습니다. 그렇다면 다음 문장에는 어떤 패턴이 있을까요?

> 1. 출퇴근 시, 출퇴근 관리 프로그램에 시간을 기록합니다.
> 2. OK 응답이 있다면 정상이라고 판단합니다.
> 3. 중량이 초과되면 출하 정지 조치합니다.

어느 문장이든 **조건**은 있지만 "~하라"는 행동 지시는 없습니다. 즉 **조건**이 있다고 꼭 **지시**가 따른다곤 할 수 없지요. 이 같은 **[조건+OO]** 패턴을 총칭해 Case-Measure라 부릅니다(그림 7-3).

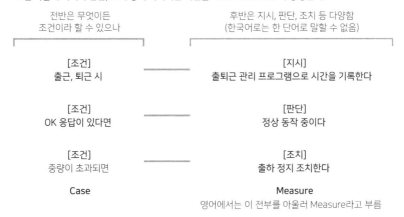

조건 다음에 지시나 판단, 조치 등이 이어지는 패턴을 Case-Measure 라 총칭한다.

전반은 무엇이든 조건이라 할 수 있으나	후반은 지시, 판단, 조치 등 다양함 (한국어로는 한 단어로 말할 수 없음)
[조건] 출근, 퇴근 시	[지시] 출퇴근 관리 프로그램으로 시간을 기록한다
[조건] OK 응답이 있다면	[판단] 정상 동작 중이다
[조건] 중량이 초과되면	[조치] 출하 정지 조치한다
Case	Measure 영어에서는 이 전부를 아울러 Measure라고 부름

• 그림 7-3 Case-Measure 패턴

영어에서 **Case**는 조건을 의미합니다. **Measure**는 원래 측정을 뜻하는 단어지만, 평가/판단, 조치, 방법 등의 의미로 사용되기도 합니다. 예를 들어봅시다.

measure the success of the campaign. → 그 작전의 성과를 판단하다.
take emergency measures. → 긴급 조치를 취하다.

즉 **Measure**는 판단과 행동을 포함한 넓은 의미를 나타내는 셈입니다. [조건+지시] 패턴도 Case-Measure의 일종으로 보면 됩니다.

Case와 Measure, 어느 쪽이 중요한가?

교육의 전형적인 모습을 떠올리면, 다수의 수강생을 모아두고 강사가 이야기하는 이른바, 집합교육이 떠오릅니다. 학교 수업으로 친숙하고 사회인의 사내교육(연수)에서도 자주 보이는 형태지요. 강사는 업무에 도움되는 말을 해 주지만, 수강자가 그것을 현장에서 생각해 내지 못하면 의미가 없습니다. 실제로, 연수 몇 년 후에 교육받은 내용이 유용할 때도 있으므로 교육용 문서에서는 생각해 내기 쉬운 전달 방법을 취하는 것이 특히 중요합니다.

그 예로 **그림 7-4**에 실린 심폐소생술 지침 일부를 생각해 보겠습니다. 인간의 뇌는 혈액 공급이 3분가량만 정지되어도 치명적인 손상을 입기 때문에, 심장이 멈췄을 때는 한시라도 빨리 응급 조치를 취해야 합니다. 눈앞에서 누군가가 갑작스러운 사고나 발작으로 심장이 멈추는 사태는 누구에게나 일어날 수 있습니다. 따라서 생명을 구할 확률을 높이려면 모두가 심폐소생술을 아는 것이 바람직하며, 이는 일반인도 배워야 할 내용입니다. 그럼 Case-Measure로 정리해 보겠습니다.

이 심폐소생술의 최초 3항목을 **Case-Measure**로 나눈 것이 **그림 7-4** 하단입니다. **Case**와 **Measure**로 분해한 박스 위의 짧은 단어는 각각을 대표하는 키워드입니다. 그중 '심박 확인'은 '반응 확인'이라 해도 좋겠지만, 보다 본질에 가까운 키워드를 생각하면 '심박 확인'이라 하는 편이 적절합니다. (심장이 멈췄다면 대처는 1분 1초를 다투기 때문입니다.) 물론 심폐소생술의 내용을 전부 기억하는 게 최선이겠지만, 인간은 망각의 동물입니다. 내일일지도 모르고 3년 뒤일지도 모르는 그 순간에 수강자가 심폐소생술 수업 내용을 떠올리게 하려면, **중요한 키워드를 엄선하여, 그것을 몇 번이고 되풀이해 강조해 전달**해야 합니다. 당신은 Case와 Measure 중 어느 쪽을, 그 강조 키워드로 선택하겠습니까?

【심폐소생술 지침 중 일부(원문)】

① 쓰러진 부상자를 발견하면, 우선 주변 상황이 안전한지 확인합니다.

② 안전이 확인되면, 부상자의 어깨를 두드리며 큰 소리로 말을 걸어 부상자의 반응을 확인합니다. 반응이 없다면 심정지일 가능성이 높습니다.

③ 심정지 가능성이 있는 경우 사람들에게 도움을 청하고, 119 신고와 AED 장치 수색을 부탁합니다.

	Case	Measure
①	**부상자 발견 시** 쓰러진 부상자를 발견했을 때는	**안전 확인** 주변 상황이 안전한지 확인합니다.
②	**안전 확인 후** 안전이 확인되면	**심박 확인(반응 확인)** 부상자의 어깨를 두드리며 큰 소리로 말을 걸어 부상자의 반응을 확인합니다. 반응이 없다면 심정지일 가능성이 높습니다.
③	**심정지 시** 심정지 가능성이 있는 경우	**도움 요청/119/AED** 사람들에게 도움을 청하고, 119 신고와 AED 장치 수색을 부탁합니다.

● 그림 7-4 Case-Measure 패턴으로 분해한 심폐소생술 지침

　강조 키워드는 집합교육 현장에서 "이것만은 기억해 주세요."라 여러 번 말할 뿐 아니라, 수강자에게도 암기시키는 단어입니다. 강조 키워드가 너무 많으면

기억할 수 없기에, 도움이 되는 키워드를 엄선할 필요가 있습니다. 1년 후일지 3년 후일지 모르지만 실제로 눈앞에서 사람이 쓰러졌을 때, 강습 내용을 잊어버렸다 해도 이것만은 기억해 주었으면 하는 도움이 될 키워드는 무엇입니까?

우선 **Case** 키워드를 열거해 볼까요? 부상자 발견 시, 안전 확인 후, 심정지 시…… 이러면 무엇을 행해야 좋을지 전혀 모르겠네요. "심정지 시에 어떻게 행동하면 좋을지, 그것이 중요한 거야!"라 말하고 싶지 않나요? 그에 반해 **Measure** 쪽은 '안전 확인', '심박 확인', '도움 요청/119/AED'네요. 이것이라면 무얼 해야 할지 알 수 있군요. 따라서 이 경우에는 **Measure 키워드 쪽을 중시**해야 합니다.

참고로 필자가 진행하는 정보 정리 연수에서 이 문제(눈앞에서 사람이 쓰러졌을 때, 도움이 될 키워드는 무엇입니까?)를 내면 대답은 Case와 Measure가 반반씩 나뉘어서, 정답률이 높지는 않습니다. 아마도 키워드 이외에는 전부 잊어버린다는 것을 상정하더라도 도움이 될 키워드를 찾는 일에 익숙하지 않기 때문일 것입니다. 이런 인식 없이 교육용 문서를 만들면, 필요한 것은 쓰여 있지만 독자가 현장에서 활용할 수는 없는 문서가 되므로 주의하길 바랍니다.

덧붙여 이 문제에서는 **Measure** 키워드가 정답이었지만, 항상 그렇지는 않습니다. 이번의 '안전 확인', '심박 확인', '도움 요청/119/AED'는 전부 다음 조건에 해당됩니다.

- 실행했을 때 해를 끼칠 가능성은 거의 없음
- 실행하지 않을 경우 유해한 결과(사망 등)를 초래할 가능성이 높음

그래서 **Case**를 무시하고 **Measure**만을 전달하는 전략이 성립될 수 있습니다. 하지만 이 조건에 해당하지 않고, **Measure**에 중대한 부작용이 있을 수 있는 조작이 포함된다면 **Case**를 강조할 필요가 있습니다.

다음으로 **그림 7-5**에 있는 사실·해석·방침·영향의 패턴을 생각해 보도록 합시다. 어느 야외작업 현장 감독관의 보고를 도해로 정리한 것입니다. A~D까지 4항목의 정보가 있으며, 각각 **사실·해석·방침·영향**이라는 라벨이 붙어 있네요.

야외작업 현장 감독관의 보고

A	사실	현재 기온은 35℃입니다.
B	해석	야외 활동에는 적합하지 않습니다.
C	방침	옥외시설 점검은 연기하겠습니다.
D	영향	안전이 확보됩니다. 점검 비용이 100만원 증가합니다.

● 그림 7 - 5 사실·해석·방침·영향 패턴으로 분해한 야외작업 보고

이는 어떤 **사실**에 대한 **해석**(의미)을 근거로 **방침**(행동)을 결정하여, 그것에 따른 **영향**을 고찰하는 패턴입니다. 그렇게 생각하면 어떤 일에서든 자주 쓰이는 패턴임을 알 수 있습니다. 덧붙여 해석은 '의미'나 '평가'라 부르는 편이 더 적절한 경우도 있으므로, 용어는 그 자리에 알맞은 것을 적절히 선택해 주세요.

덧붙여 이런 사례가 많이 발생하면 매뉴얼로 만들어지게 됩니다. "이럴 때는 이렇게 하라"고 하는, 자주 있는 판단의 패턴이 매뉴얼로서 명문화되는 것입니다. 그 자체는 좋은 일이지만, 매뉴얼화할 때 해석을 생략해 버리는 경우가 있습

니다. 이런 느낌입니다.

> **주의사항** 기온이 30도를 넘는 경우, 야외작업을 해선 안 됩니다.

사실과 방침만 적혀 있음을 알겠지요. 업무 매뉴얼이나 절차서에는 이런 기술이 있기 마련입니다. 다만 해석을 생략하면 그 매뉴얼로 교육받은 사람은 사고가 경직되기 쉽고, 스스로 생각하고 행동하도록 길러지기 어려워 주의가 필요합니다.

온도계를 보면 누구나 같은 기온 값을 얻을 수 있는 것처럼, **사실**은 기본적으로 누가 언제 보아도 똑같습니다. 그에 비해 **해석**은 사람에 따라 판단이 갈리는 경우가 있고, 그것을 파고 들어가면 그 **방침**을 취해야 하는 이유를 깊이 이해하게 됩니다. 다음 문답을 생각해 볼까요?

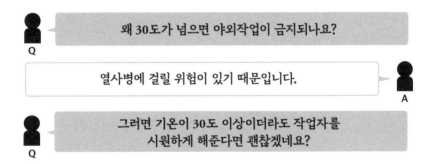

Q 왜 30도가 넘으면 야외작업이 금지되나요?

A 열사병에 걸릴 위험이 있기 때문입니다.

Q 그러면 기온이 30도 이상이더라도 작업자를 시원하게 해준다면 괜찮겠네요?

야외작업 금지의 이유가 '열사병'일 때, 예전에는 없던 냉각 장치가 부착된 냉각 작업복이 최근 판매되고 있으며, 냉방이 되지 않는 곳에서도 시원하게 작업할 수 있다 하여 인기를 끌고 있다 합시다. 이 작업복을 입힌다면 30도 이상이어도 괜찮을 것 같습니다. 이처럼 사소한 환경의 변화로 이전 환경을 전제했을 때, 정해진 제약을 해제할 수 있게 되기도 합니다. 기술 개발이나 노하우 축적의 결과라 하겠지만, 실은 이 같은 조치는 **해석**을 명시하지 않고서는 알 수 없습니다. 다시 물어보겠습니다.

Q

왜 30도가 넘으면 야외작업이 금지되나요?

사용하는 약제의 성능이 떨어지기 때문입니다.

A

　이번에는 야외작업 금지 이유가 '약제의 성능'으로 바뀌었네요. 이 경우 당연히 냉각 작업복으로는 문제를 해결할 수 없기 때문에, 다른 방법을 생각해야 할 겁니다.

　따라서 창의성, 혁신을 불러일으키기 위해서는 해석을 생략해선 안 됩니다. 그런데 해석은 자의적 판단이거나 언어화하기 까다로운 경우가 많은 관계로, 사실만으로 판단할 수 있을 것 같은 경우는 생략되기 쉽습니다. 그저 시키는 대로만 하는 단순 작업자를 양성한다면 그것대로 괜찮지만, 문제를 이해하고 자율적으로 판단할 수 있는 IT 개발자를 양성하고 싶다면 이대로는 역부족입니다. 이렇듯 해석이야말로 가장 중요한 부분이므로, 생략하지 않도록 주의합시다.

　교육용 문서에서는 지금까지 살펴본 패턴으로 문서를 구성할 수 있는 경우가 많으므로 이 장을 잘 참고하길 바랍니다.

★●● 정리

- 교육용 문서는 절차서, 설명서, 매뉴얼, 규칙, 기술 해설 등으로 불린다.
- 조건·지시·이유로 구별해 기술한다.
- "사실이 가진 의미를 해석해 방침을 결정한다"는 문맥을 살리고, 해석 부분을 안이하게 생략하지 않도록 주의한다.

구조화의 출발점은 분류다

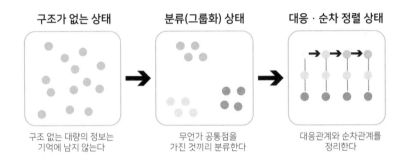

구조가 없는 상태 | 분류(그룹화) 상태 | 대응·순차 정렬 상태

구조 없는 대량의 정보는
기억에 남지 않는다

무언가 공통점을
가진 것끼리 분류한다

대응관계와 순차관계를
정리한다

"복잡하고 양이 많은 정보는 무조건 구조화하세요."

구조화란 대개 정보를 분류하는(그룹화하는) 일부터 시작합니다. 그림의 왼쪽, '구조가 없는 상태'는 기억에 남지 않습니다. 대부분의 문장은 그런 상태입니다. 거기에서 무언가 공통점을 가진 것을 찾아내어 분류합니다. 예를 들어 '고등학생'을 분류한다면 공통점이라고 해도, 남성과 여성으로 나누거나, 학년별로 구분하거나, 소속 고등학교로 묶기도 하는 등, 분류 기준은 여럿 있는 것이 보통입니다. 따라서 어떤 분류 기준을 사용할지 고민될 때도 많고, 간단하지는 않습니다.

그래도 어느 정도 분류하면 정보에 대응관계나 순차관계가 있음을 알아차리게 될 겁니다. 그것을 정리해 가면 그림의 오른쪽과 같은 형태가 되는데, 여기까지 오면 **구조**가 보입니다. 순차관계는 대체로 한 그룹에 속하는 요소 간의 순서이며, 대응관계는 복수 그룹 간의 관계이므로, 순차나 대응을 생각하기 위해서도 우선은 **분류**부터 해야 합니다. 이것이 **"구조화의 출발점은 분류다"**가 의미하는 바입니다.

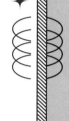

Part. 3

정보 정리와 문서 작성 노하우

8장

문제 해결에 도움이 되는
정보 정리 노하우

현대사회에서는 매뉴얼대로 동일 작업을 반복하는 단순노동은 줄어들고,
잘되지 않는 문제를 찾아 해결하는 업무의 비율이 날로 늘어나고
있습니다. 이러한 업무에서 도움이 되는 정보 정리 방법을 알아보도록
하겠습니다.

문제 해결 프로세스를 생각하자

업무는 정형 업무와 비정형 업무로 나뉩니다.

- **정형 업무** 같은 작업을 반복하는 일. 도시락을 100개 만드는 것과 같은 일이 그 예로, 결정된 방법을 그대로 수행하는 것이 요구된다.
- **비정형 업무** 매일 업무 내용이 다른 일. 제품의 불량률을 개선하거나 웹사이트 페이지의 UI를 개선하는 등의 일이 그 예로, 구체적으로 무엇을 할지는 그때마다 다르다.

현대사회에서 **정형 업무**는 점차 기계와 IT 기술이 대체하여 인력이 필요 없어지고 있습니다. 반면, 사람이 직접 하는 일에서 **비정형 업무**의 비중이 커지고 있습니다. 비정형 업무는 "불량품이 많다", "UI가 좋지 않다" 같은 **문제**를 해결하는 일이므로, '문제해결형 업무'라 부를 수 있을 겁니다. 문제 해결의 세부는 매번 달라지지만, 추상화하면 일정한 프로세스가 있습니다. 바로 그림 8-1의 흐름입니다.

문제 분석	정말 해결하고 싶은 문제가 무엇인가?
↓	
원인 분석	그 문제를 일으키는 원인은 무엇인가?
↓	
해결 방안 입안	대략적인 해결 방안을 생각한다
↓	
구체화	해결책을 구체화한다
↓	
실행	실행한다

• 그림 8-1 문제 해결 프로세스

예를 들어 다음과 같은 문제가 있다고 해봅시다.

> ▪ IT 분야의 인력 부족으로 어려움을 겪고 있어, 채용 공고를 올려도 지원자가 없습니다. 어떻게 하면 지원자를 모을 수 있을까요?

이렇게 보면 지원자가 적다는 게 문제인 것 같습니다. 그러나 실은 "채용하더라도 금세 그만둬버린다. 그러니 IT 인력 부족이 계속되는 것"이라면? 이 경우 문제의 본질은 '근속률이 낮음'이지 '지원자가 적음'이 아닙니다. 여기서 많은 지원자를 모으기 위해 구인 광고비를 늘리는 등의 조처를 해도, 핵심을 벗어난 결과밖에 낳지 않을 겁니다. 이처럼 겉으로 보이는 문제 뒤에 진짜 문제가 숨어 있는 것을 당사자조차 모르는 일은 종종 있습니다. 그 함정을 피해 진짜 문제를 판별하는 것이 바로 문제 분석입니다.

이어지는 원인 분석은 말 그대로 원인을 생각하는 것입니다. 원인을 알아내면 그 해결책을 고민할 수 있게 되고, 해결 방안 입안→구체화→실행으로 나아갈 수 있습니다. 이 문제 해결 프로세스에서 곧잘 등장하는 정보 정리법이 몇 가지 있으니, 같이 알아보도록 하지요.

▦ 정적 구조와 동적 구조를 구별하자

원인 분석은 문제 해결의 핵심이 되는 과정이지만, 정해진 방식이 있는 것은 아닙니다. 분야에 따라 흔한 체크포인트가 있긴 합니다. 예를 들어, 소프트웨어의 버그라면 경곗값, 변수명이나 함수명, 범위의 어긋남, 호출 타이밍의 어긋남 등이 있겠고 서버 응답이라면 CPU, 메모리, 회선대역, 지연 속도 등을 들 수 있을 겁니다. 그러나 이것들은 각 분야 고유의 것입니다. 따라서 일반적으로 어느 분야에든 공통되는 원인 분석은 존재하지 않습니다. 다만, 한 가지 알아둘 것이 있습니다. 바로 정적 구조와 동적 구조를 구별하는 시점입니다. (참고로 이 구조들은 UML의 '정적 구조 다이어그램' 용어와는 무관합니다.)

사례 1

🅠 한 도로에 정체가 자주 발생하고 있습니다. 정체 원인을 조사하기 위해서 무엇이 필요합니까?

🅐 해당 도로 및 주변 연결 도로가 표시된 도로지도와 각 지역의 교통량 실측 데이터

사례 2

🅠 특정 전자회로가 오작동을 일으키고 있는 것 같습니다. 원인을 알기 위해, 무엇이 필요합니까?

🅐 회로도와 해당 회로 각 포인트에서의 신호 실측 데이터

사례 3

🅠 어떤 소프트웨어에 버그가 있는 것 같습니다. 원인을 알아보기 위해 무엇이 필요합니까?

🅐 설계서, 소스 코드 및 입력 데이터, 로그 등

이 3가지 사례에는 공통되는 특징이 있습니다. 바로 어떠한 시스템하에서 문제가 발생하고 있으며, 시스템의 상태는 정적 구조와 동적 구조로 나눌 수 있다는 점입니다(그림 8-2).

● 그림 8-2 시스템의 상태는 정적 구조와 동적 구조로 나뉜다

예를 들어, 도로의 형태는 어제오늘로 갑자기 바뀌지 않기 때문에 기본적으

로 변화하지 않는 정적인 것이지만, 그 위를 달리는 차량의 흐름은 초 단위로 변하는 동적인 것입니다. 소프트웨어의 소스 코드와 그에 따라 처리되는 데이터 사이에도 마찬가지로 정적-동적 관계가 있습니다.

문제를 해결하려 할 때는 정적 구조와 동적 구조에 관한 정보가 모두 필요합니다. 한쪽만으로는 의미가 없습니다. 그런데 정적 구조 부분은 주목받지 못하는 경우가 많아 주의가 필요합니다.

- **사고 보고** OO 교차로에서 자동차 간 충돌 사고가 발생했다.
- **버그 보고** 주문 번호 19472에 상품 화면이 표시되지 않았다.

이러한 개별 문제를 보고하는 문서는 흔히 그렇습니다만, '자동차 간 충돌'이나 '주문 번호 19472' 같은 문제마다 달라지는 동적 구조에 관해서는 쓰여 있어도, '그 교차로 주변의 도로 구조', '상품과 주문의 데이터 구조' 등의 정적 구조는 적히지 않는(설명되지 않는) 것이 보통입니다.

정적 구조는 어쨌든 정적인 까닭에 통상 변하지 않습니다. 사고가 100건 일어났다고 해서 그 사고 보고서 모두에서 '주변 도로 구조'를 설명하게 된다면, 같은 정보를 100번 반복하는 격인 데다 낭비가 너무 많으므로 개별 보고서에는 적지 않는 것입니다.

그러나 일어난 사건 하나하나의 뒤처리만 하고 끝난다면야 상관없어도, 사고 자체를 예방할 수 있도록 근본적인 해결을 꾀한다는 목적이라면 정적 구조는 꼭 파악해야 합니다. 그런데 정적 구조에 관해서는 평소 설명하지 않아서인지, 막상 필요할 때도 그것을 생각해 보아야 한다는 사실 자체를 깨닫지 못하는 경우가 있습니다.

인간은, '언제나 같은 것'을 의식하지 않는 존재

평소에 숨 쉴 때, 공기를 의식하지 않듯이 인간은 '언제나 당연하게 존재하는,

변하지 않는 것'에는 좀처럼 주의를 기울이지 않습니다. 예를 들어, 우리가 파란불에 여유롭게 건너는 횡단보도에서는 종종 고령자의 사고가 일어납니다. 고령자의 보행 속도가 젊은 사람들에 비해 느리지만, 그 점을 반영하지 못한 짧은 보행신호 시간이 원인(이 사례의 정적 구조에 해당)이었습니다. 비교적 횡단보도를 이용하는 비중이 높은 젊은 세대는 보행신호 시간이 짧다는 것을 인지하지 못했고, 때문에 좀처럼 고령자의 보행 속도에 맞춘 횡단보도 보행신호 시간이 설정되지 않았던 것입니다. (최근 들어, 노인 보호구역을 중심으로 보행신호 시간이 늘어나고 있습니다.)

또 필자가 기업의 정보시스템 부서에 재직할 때도, 시스템 장애가 발생하면 그 장애의 동적 구조(개별 데이터나 화면 등)만 조사할 뿐, 정적 구조의 파악이 경시되는 경향이 있었습니다. 그러다 보면 장애 발생 자체를 줄이는 근본적인 해결에는 이르지 못하는 경우가 많습니다. 정적 구조를 의식적으로 염두에 두도록 하세요.

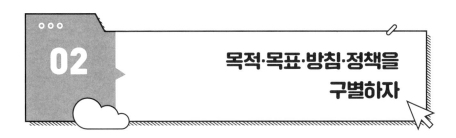

02 목적·목표·방침·정책을 구별하자

목적과 목표는 비슷하지만 조금 다른 의미를 지니고 있습니다. 이들을 구별해 사용한다면 커뮤니케이션의 오차를 줄일 수 있습니다. 차이를 알아 둡시다 (그림 8-3).

목적	교통사고사 감소	그건 꼭 이뤄졌으면 좋겠네, 라며 모두가 공통 인식을 가질 수 있는 것이 '목적'
문제	정면충돌 시의 두부 타박이 치명상이 되는 경우가 많음	목적 실현을 방해하는 요인이 '문제'(혹은 '장애') 통상 한 목적에 '문제'는 여러 있음
목표	정면충돌 시의 두부 타박에 의한 사망자 수를 절반으로 줄인다	어떠한 지표로서 도달점을 나타낸 것이 '목표' 문제를 특정한 후 '목표'를 설정할 때가 많음
방침	에어백 장착률 향상	목표 달성을 위해 시도할 수 있는 해결책의 방향을 나타낸 것이 '방침', 보통 여러 후보 중 하나를 선택
정책	에어백 장착 차량 1대당 보조금 200만원 지급	'방침'을 보다 구체화한, 자신의 의지로 실행 가능한 행동을 가리킴

● 그림 8-3 목적·문제·목표·방침·정책의 차이

목적은, "좋은 일이야, 꼭 실현하고 싶어"라며 모두가(최소한 팀 내에서는) 공통 인식을 가질 수 있는 무언가입니다. 가령 "교통사고 사망자 수를 줄이자"는 목적을 제시했을 때, "그건 나쁜 일이야"라고는 아무도 생각하지 않을 테지요. 목적은 기본적으로 좋다, 가치 있다고 느껴지는 것입니다.

한편 목표는 예를 들면, "정면충돌 시의 두부 타박에 의한 사망자 수를 절반으로 줄인다"가 해당됩니다. 추상적인 목적에 비해 목표는 구체적이며, '절반으로 줄인다' 같이 정량적인 기준을 제시하는 것이 보통입니다. 그리고 통상 목표설정 전에 문제를 특정합니다. "애초 교통사고사는 어떻게 일어나는 걸까?"를 조사해 보았더니 "정면충돌 시의 두부 타박이 치명상이 되는 일이 많다"는 사실을 알아냈다고 합시다. 이것이 문제입니다. 그렇다면 그 문제를 해결하면 목적 달성에 도움이 됩니다. 즉 문제를 특정하면, 실제로 그 유형의 사망자가 몇 명인지 등의 통계량도 파악할 수 있으며, 따라서 그 수치를 '절반으로 줄인다'는 목표를 설정할 수 있게 되는 겁니다. 일반적으로 목적에는 방해되는 문제가 여럿 있기 마련이며, 문제가 달라지면 목표도 바뀝니다(그림 8-4).

하나의 목적에는, 그것을 방해하는 '문제'가 여럿 존재한다

목적		교통사고사를 줄인다	
문제	정면충돌에 의한 타박	측면충돌에 의한 타박	화상
목표	50% 감소	30% 감소	10% 감소

문제를 특정하면 그것에 연관된 목표를 설정할 수 있다

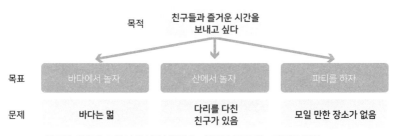

목적		친구들과 즐거운 시간을 보내고 싶다	
목표	바다에서 놀자	산에서 놀자	파티를 하자
문제	바다는 멂	다리를 다친 친구가 있음	모일 만한 장소가 없음

목표를 세우면 그것의 달성을 방해하는 문제가 판명되는 패턴도 있다

● 그림 8-4 하나의 목적에는 여러 문제·목표가 연계된다

한편 목표를 세우면 그 달성을 방해하는 문제가 판명되는 패턴도 있습니다. "친구들과 즐거운 시간을 보내고 싶다"가 목적인 경우, 이 목적 자체보다는 "바다에 가서 놀자", "산에 가서 놀자" 같은 구체적인 목표를 세웠을 때 비로소 "다리를 다친 친구가 있어 산은 불편할 것이다"라는 문제가 드러나게 됩니다. 추상적인 목표를 이야기하는 동안에는 아무도 반대하지 않는데, 구체화하면 반대자가 등장해 일이 진척되지 않는다는 이른바 '총론 찬성, 각론 반대' 현상이 존재하는 것은 이런 이유 때문입니다.

그렇지만 목적이 같다면 아직 합의는 수월합니다. 친구끼리라면 "다 같이 즐겁게 놀고 싶으니까, 딱히 산을 고집할 필요는 없잖아? 바다로 가자, 바다!"라 말하면 받아들여질 가능성이 클 겁니다. 이는 목적이 동일함을 확인한 후에 대안을 제시하는 방법으로, 자신의 제안을 통과시키는 데 효과적인 화술로 알려져 있습니다.

한편으로 이 방법이 통하는 것은 동료에 한정되는 것처럼 보이기도 합니다. 적대적인 상대거나, 그다지 친밀하지 않은 관계라면 "다 같이 즐겁게 놀고 싶잖아요?"라 물어도 "아뇨, 친하지도 않은데……"라 부정적인 반응이 돌아오기 십상입니다. 그러나 이 방법에서는 사실 목적이 같다는 것만 확인되면 그만이므로, 말을 그르치지 않는다면 사이가 좋지 않을지라도 합의에 이를 수 있습니다. 예를 들어, 해적과 인질이 동승한 해적선이 항해 중 폭풍우로 손상되어 침몰할 위기에 빠졌다고 합시다.

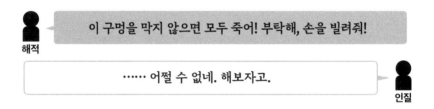

그럼 이런 형태로 당면한 위기를 벗어날 때까지는 임시 합의를 볼 수도 있을 겁니다. 무엇보다 사람의 감정은 때때로 불합리한 선택을 합니다. 감정적으로 꼬인 상대라면 "죽어도 너한테 협조하겠냐!"며 자신도 손해를 입는 공멸을 택할 수가 있으니 조심하는 게 좋습니다.

목적·목표·문제를 구별해 두면, 조직을 움직이는 제안을 통과시키기 위한 이야기를 조립하기가 쉬워집니다. 말이나 글에서 의식적으로 선택해 사용할 수 있도록 하면 도움이 될 것입니다.

목표를 세우면 방침과 정책이 결정된다

그림 8-3의 목적·문제·목표·방침·정책 이야기로 돌아갑시다. "정면충돌 시 두부 타박에 의한 사망자 수를 절반으로 줄인다"는 목표를 세웠는데, 어떻게 하면 이를 실현할 수 있을까요? 그래서 다음에 등장하는 것이 방침과 정책입니다. 예

를 들어 "에어백 장착률 향상"이란 방침은 이 목표에 도움이 될 겁니다. 그러므로 "에어백 장착 차량 1대당 보조금 200만 원 지급"이라는 정책을 실시하면 실제 장착률 향상을 기대할 수 있습니다. 이것이 방침과 정책입니다.

정책은 권한이나 자원을 가진 인간이 결정해 실행할 수 있는 방법을 일컫습니다. 가령 국가가 "차량에는 에어백을 장착합시다"란 캠페인을 벌여도, 그것이 실현될지 말지는 차량을 구매하는 개개인에게 달려 있을 뿐 국가가 실행할 수 있는 것은 아닙니다. 반면, 보조금 지급 권한은 국가나 지자체가 가지고 있으므로 지급을 결정하면 실행할 수 있습니다. 이것이 바로 정책입니다.

목적은 정책까지 내려와서야 비로소 실현될 가능성이 생깁니다. 방침까지의 단계에서는 모두 그림의 떡이자, 탁상공론밖에 되지 않습니다. 실행 가능한 정책을 세우고 그것을 실행하기까지 관리해야 가치 있는 목적을 실현할 수 있기 때문입니다. 조직이 이러한 인식을 공유하고 실행하기 위해서는, 목적부터 정책까지의 계층을 의식적으로 구분지어 논의하도록 습관을 들여야만 합니다.

03 전략과 전술을 구별하자

상대가 고객이든 상사든, 무언가를 제안할 때는 그 제안을 채택해야 하는 이유를 설명해야 합니다. 전략과 전술은 모두 그 이유를 설명할 때 자주 사용하는 용어인데, 어떤 차이가 있을까요?

일을 시행해 나갈 때는 **그림 8-5**에 나타낸 것처럼 하나의 선택이 그 이후의 모든 것에 크게 영향을 미치는 분기점이 있습니다. 그런 상황에서 결정되는 것이 전략이고, 그 결정이 수용된 후 구체적인 작업으로써 수행되는 것이 전술입니다.

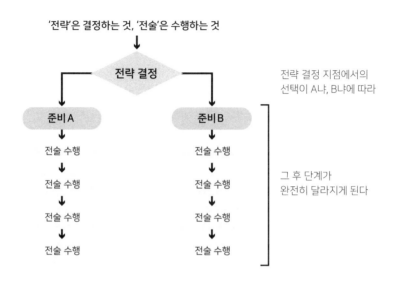

• 그림 8-5 전략과 전술의 차이

이것만으로는 설명이 너무 추상적이니, 좀 더 구체적인 이미지가 떠오를 만한 이야기를 해보겠습니다. 자, 당신이 비행기도 자동차도 없는 조선 시대에 경포호 북쪽에 살고 있고, 호수 건너 남쪽에 있는 친척 집에 가고 싶다고 합시다. 이 경우 배로 경포호를 건너거나(수로), 걸어서 경포호를 둘러 가는(육로) 2가지 방법이 있습니다. 그중 어느 길을 택할지 결정하는 것이 전략입니다.

육로와 수로는 필요한 준비도 실행 절차도 다릅니다. 수로로 간다면 배를 준비하고, 노를 젓는 기술을 익히지 않으면 안 됩니다. 육로로 간다면 배도, 노 젓는 기술도 필요 없지만, 시간이 걸리기 때문에 식량도 챙겨야 하고 도중에 신변의 위협을 받을지 모르므로 무장할 필요도 있습니다.

아무튼 준비를 마치고 실제로 출발하면, 그 후에는 계속 노를 젓거나 계속 걸어야 합니다. 이것이 전술이며, 같은 작업을 여러 번 반복 수행합니다. 반대로 전략 결정은 여러 번 이루어지는 것이 아닙니다. 단 한 번, 수로냐 육로냐를 선택하면 그걸로 끝으로 두 번 세 번 다시 선택할 일은 없습니다.

현장과는 먼 사람은 전략 결정의 무게를 모른다

수로를 고르고 배를 준비한 다음, "역시 안 되겠다, 육로로 가자"며 생각을 바꾸면, 그 배는 전혀 쓸모없게 됩니다. 즉 도중에 전략을 변경하면, 막대한 자원(예산)이 낭비되므로 전략 결정은 그만한 각오를 하고 해야 하는 것이지, 즉흥적인 발상이나 분위기에 취해 어영부영 해도 좋은 것이 아닙니다. 그러나 현장과는 먼 사람이 종종 이 무게를 모른 채, 모순되는 지시를 변덕스레 남발하여 전략을 혼란스럽게 만들 때가 있습니다. 오래전에 합의한 사양을 납기 직전에 획뒤집는 클라이언트를 만난 적 있지 않나요? 책임자에게 전략 결정을 요구할 때, 그런 사태를 방지하기 위해 "여기가 전략 결정 지점이고, 한번 결정하면 쉽게 바꿀 수 없다"는 사실을 공들여 설명해야 합니다.

한편 요즘에는 애자일(Agile) 스타일이 퍼지고 있어, 시험 삼아 해 보고, 안 되면 조금씩 바꿔 가는 방식으로 개발을 진행하는 사례가 증가하고 있습니다. 즉 판단 자체는 전술 수행 중에도 빈번히 발생하기 때문에, 실무를 모르는 경영층은 같은 감각으로 전략 지점에 대해서도 "한번 해 보면 되지 않나?" 하고 가벼이 생각해 버릴 가능성이 있는 겁니다. 물론 애자일은 유용한 방식입니다만, 그래도 쉽게 바꿀 수 없는 전략 결정 지점은 분명 존재합니다. 그렇기 때문에 '전략과 전술을 구별하여 의사소통하는 일'은, 이전보다도 중요해지고 있습니다.

그 선택이 가져올 장단점을 정성 들여 설명하자

어떤 앱을 개발할 때, 플랫폼으로 무엇을 선택할지는 **전략적 결정**의 전형적 예입니다. 그때 설명이 불충분하면, 이런 사태를 초래할 수도 있습니다.

iOS용과 안드로이드용을 각각 개발해야 한다니, 낭비야. 양쪽에서 다 쓸 수 있게 만드는 방법은 없어?

경영자

OOOO란 플랫폼을 사용하면 한 가지 코드로 양쪽 앱을 빌드할 수 있지만…… 네이티브 개발할 때보다 무거워지기 쉬워서……

IT 개발자

 그런 게 있어? 좋네, 그걸 쓰자!

경영자

아…….(단점은 신경 안 쓰나요……?)

IT 개발자

……그리고 반년 후.

 앱이 너무 무거워서 불만이 많아. 왜 이렇게 무거운 거야? 어떻게 안 돼?

경영자

그래서 무거워지기 쉽다고 말씀드렸잖습니까!!

IT 개발자

들은 적 없는데?!

경영자

"제가 말씀드렸잖아요?" "안 들었어!" 같은 콩트 대화는 하고 싶지 않을 테지요. 단점이 있다면, 반드시 분명하게 강조해 전달해야 합니다. 그것을 해야 할 타이밍이 바로 전략 결정 지점입니다.

04

문제·장애·원인을 구별하자

시스템 장애가 발생했을 때, 관리자에게 보고하는 첫마디가 "문제가 발생했습니다."라 해도 부자연스럽지는 않습니다. 그럼 문제와 장애는 같은 걸까요? 사실 의미는 좀 다르지만, 그 차이가 널리 알려져 있진 않은 것 같습니다. 알아 두면 문제 해결 커뮤니케이션 과정에 도움 될 때가 있으니, 여기서 설명해 보겠습니다.

보통, 무엇인가가 목표를 향해 가고 있을 때 그 진행을 방해하는 것을 장애라 하고, 목표에 도달하지 않은 것을 문제라 부릅니다. 예를 들어 봅시다. 구급차가 병원을 향해 달리고 있는데 멈춘 차가 도로를 막고 있어서 갈 수 없다면, 그것은 장애입니다(그림 8-6). 한편 병원에 도착하지 못했다면 그건 문제입니다. 따라서 "구급차가 도착 안 했어? 문제네."라고 하지, "그거 장애네."라곤 하지 않습니다. 반대로 "왜 오지 않는데?"란 물음에 "도로를 막고 있는 차가 있어요."라 대답한다면, 그에 대해 "교통 장애가 발생했구나!"라 말할 수 있는 겁니다. 문제와 장애의 차이는 대략 이렇습니다. 단, 문제는 의미가 넓어서 장애 대신 쓰일 수도 있습니다.

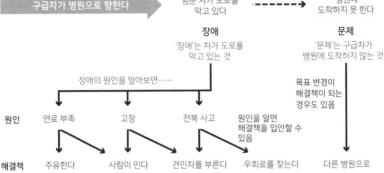

진행을 방해하는 것이 '장애', 목표에 도달하지 못하는 것이 '문제'

구급차가 병원으로 향한다 → 멈춘 차가 도로를 막고 있다 ----> 병원에 도착하지 못 한다

장애
'장애'는 차가 도로를 막고 있는 것

문제
'문제'는 구급차가 병원에 도착하지 않는 것

장애의 원인을 알아보면……

목표 변경이 해결책이 되는 경우도 있음

원인　연료 부족　　고장　　전복 사고

원인을 알면 해결책을 입안할 수 있음

해결책　주유한다　사람이 민다　견인차를 부른다　우회로를 찾는다　다른 병원으로

● 그림 8-6 **목표·문제·장애·원인의 패턴**

다음으로, 문제를 해결하고자 할 때는 대개 "장애 원인에 조치를 취하거나, 목표를 변경한다" 중 하나의 방법을 택합니다. 차가 멈춘 원인이 연료 부족인지, 고장인지, 사고인지에 따라 사용할 수 있는 해결책은 다릅니다. 그 어느 것도 불가능하다면 "다른 병원으로 향하자"며 목표 변경을 도모할 수도 있을 겁니다. 이런 감각으로 목표·문제·장애·원인을 분리한다면 해결책 입안이나 관계자에 대한 설명이 편해집니다. 참고하길 바랍니다.

＊●● 정리

- 정적 구조와 동적 구조를 구별하고, 보통 의식되지 않는 정적 구조를 고려한다.
- 목적·문제·목표·방침·정책을 구별한다.
- 문제·장애·원인을 구별한다.

분류에 따라, 수를 줄이는 데 의의가 있다

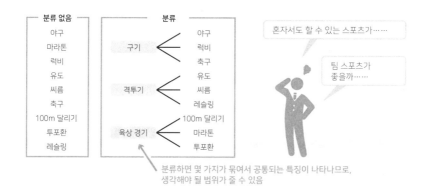

분류하면 몇 가지가 묶여서 공통되는 특징이 나타나므로, 생각해야 될 범위가 줄 수 있음

"어떤 주제와 관련된 7개 항목을 분류해 주세요"란 질문을 했더니, 6:1, 즉 "6항목 그룹과 나머지 1항목"이란 답을 받은 적이 있습니다. 이런 편향된 분류는 쓸모없는 경우가 많으니, 만일 그런 답에 이르렀다면 다른 시각도 생각해 보길 바랍니다.

분류는 한 그룹에 포함된 요소 수를 줄여서, 많은 생각을 하지 않게 만드는 데 의의가 있습니다. 따라서 7이 6으로 줄어든 것은 별 도움이 안 되는 겁니다. 그림에서는 스포츠를 분류하는 예를 들었는데, "팀 스포츠가 좋다"고 생각한다면 격투기나 육상 경기보다는 구기 종목 중 하나를 고르는 게 합리적입니다. 격투기나 육상은 대부분 개인 경기인 데 비해, 구기는 팀으로 하는 것이 많기 때문입니다. 여기서는 9종류밖에 열거하지 않았으나, 실제로는 수백 종의 스포츠가 있습니다. 이를 분류 없이 알파벳순으로 나열한 리스트가 있다고 할지라도, "앞으로 어떤 스포츠를 할까"를 생각할 때는 도움이 안 되는 겁니다. 이때 어느 정도 분류해 두면, 살펴볼 항목 수가 줄어들어 수고가 덜어집니다.

분류함으로써 **한 그룹의 수를 줄인다**, 그것만으로도 도움이 되는 셈입니다.

9장

더 좋은 도해를 그리기 위한
시각디자인 기초 지식

"

정보를 정리해서 도해로 그릴 때는, 문장뿐인 글과 다르게 색이나 형태,
서체 등에도 신경을 쓸 필요가 있습니다. 따라서 이번 장에서는 IT
개발자라도 알아 두면 좋을 최소한의 시각디자인(시각적으로 정보를
전달하는 디자인) 요점에 관해 설명하고자 합니다.

01 도해는 그림이 아니다

  1장에서 논리 도해와 그림 간의 차이에 관해 다루었는데, 정보 정리를 위한 도해에 필요한 것은 잘 묘사된 그림이 아니라 **논리 관계의 명시**입니다. "그림 재능이 없어서 도해에 자신이 없습니다" 같은 고민을 자주 듣습니다만, 특별히 그림을 그릴 필요 없습니다. 오히려, 이 책에서는 "그림을 그려서는 안 된다"가 진실에 더 가까운 만큼 안심해도 됩니다. 여기에서 '그림 그리기'란, "사람의 얼굴을 그린다", "아이콘이나 사진을 사용한다", "도형에 장식을 더한다" 등을 가리킵니다. 그림 그리는 것은 정보 정리에는 크게 이득이 되지 않을 때가 많기에, 최대한 사용하지 않는 것을 전제로 하며 꼭 사용하고 싶다면 최소한으로 원하는 곳에만 아이콘을 넣는 방침을 추천합니다.

  그러나 그림이 정보 정리에 방해가 된다는 사실은 별로 알려지지 않았습니다. 그러다 보니 "이건 복잡한 이야기다", "문장으로 쓰면 글만 있어서 어려워 보일 것 같아", "좀 더 친절해 보이고 싶은데" 같이 생각한 경우, 큰 고민 없이 그림이나 사진을 넣어버리기 쉬우므로 주의해야 합니다. 구체적으로 자주 보이는 예를 들면 다음과 같습니다(그림 9-1).

【사람 얼굴을 그려 넣는다】

그래픽 퍼실리테이션에서는 자주 쓰이지만,
기술 해설에서는 무의미할 때가 많음

【아이콘이나 사진을 넣는다】

불꽃   디바이스   라우터

- 아이콘만으로는 아무 의미도 알 수 없음
- 추상적 개념은 아이콘화하기 어려움

【장식 과다 · 여백 과다】

오로지 '결정' 버튼을 띄우기 위한 가공
(불필요한 장식: 입체감)

여백을 너무 많이 두었기 때문에, 글씨가
작아 읽기 힘듦. 대비감도 너무 약함.

도형은 최대한 단순한 것을 사용할 것

- 그림 9-1 정보 전달보다는 그림이나 장식에 집중되었기에 좋지 않은 도해이다

▨ 사람 얼굴을 그려 넣는다

　사람의 발언이나 행동을 표현할 때, 얼굴을 그리는 일이 자주 있습니다. 논의의 활성화와 가시화를 목적으로 그래픽 퍼실리테이션*, 그래픽 레코딩 분야에서는 특히 많이 사용됩니다. 하지만 기술 문서와 같은 문서에는 무의미할 때가 많고, 순수하게 논리로써 이야기를 진행하고 싶을 때 오히려 방해될 수 있습니다. **남용은 삼가도록 합시다.** 사람 얼굴을 그려 넣는 이유로 사람이 있음을 드러내고 싶은 것뿐이라면, 눈코 없이 동그라미와 막대기로 된 인간 그림으로도 충분

---

* 핵심 메시지에 대한 이해도를 높이고 프레젠테이션, 회의, 워크숍에서 나오는 아이디어들을 시각적인 메모로 변환하는 기술

합니다.

아이콘이나 사진을 넣는다

기술 문서에서 정보기기 등을 아이콘을 표현하는 것은 **독자의 빠른 이해를 돕는 효과가 있으므로** 문제 되지 않습니다. 특히 네트워크 구성도라면 아이콘은 위력을 발휘하지요. 그러나 아이콘만으로는 어떤 의미인지 모르겠는 경우나 추상적 개념은 아이콘화하기 어렵고, 거꾸로 오해를 불러일으키는 경우도 있으므로 주의해야 합니다. 예를 들어 노트북 아이콘을 두고 '디바이스'라고 적었다면, 이것은 스마트폰까지 포함하는 개념일까요? 노트북 아이콘이 있으면 스마트폰을 포함하지 않는 의미가 강하며, 반대로 노트북 아이콘 없이 '디바이스'라는 단어뿐이라면 스마트폰을 포함한 의미라는 인상이 강해집니다. 다른 예로, 불꽃 아이콘은 화재, 재해, 정열 등 다양한 의미로 사용될 수 있습니다. 아이콘 옆에 단어를 붙이지 않으면, 정확한 의미는 전달되지 않습니다. 그런데 아이콘을 많이 쓰면 쓸수록 단어를 적을 지면이 줄어드는 만큼, 부정확해지고 마는 경우가 있습니다.

장식 과다·여백 과다

파워포인트 같은 프레젠테이션 도구로 도형을 그리면, 음영, 입체화, 빛 반사 등 다양한 이미지 가공을 간단히 할 수 있습니다. 하지만 디자인 지식이 없는 사람이 사용하면 초보적인 수준에 그치는 경우가 많고, 되려 알아보기 힘들기에, '정보 정리'라는 점에서는 의미 없이 시간을 낭비하게 됩니다. 따라서 추천하지는 않습니다. 이미지 가공에 열중하기보다는, 단어를 엄선하는 쪽에 시간을 투자해야 합니다.

한 가지 더, 디자인 지식을 가진 사람에게 있을 법한 일입니다. 여백을 지나치게 둔 나머지, 글씨가 작아져서 읽기 어려워지는 경우가 있습니다. **그림 9-2 가**

운데가 그런 예입니다. 깔끔하고 예쁘게 보이는 디자인을 지향한다면 글씨를 작게 하여 여백을 충분히 잡는 경향이 있고, 그 감각으로 프레젠테이션 자료를 만들면 "못 읽겠어!"란 결말이 되는 겁니다. 전체적으로 아름다워 보여야 하는 한 폭의 그림이라면 그래도 좋습니다만, 읽혀야 하는 자료에서는 그 노선은 지양해야 합니다.

또한 이 예에서는 단순한 사각형이 아니라, '뾰족한 화살표 끝과 같은 형태의 디자인'을 사용하고 있는 것도 문제입니다. 시간 축을 따라 나아가는 프로세스를 나타낼 때 자주 사용하는 형태인데, 이 종류의 특이한 도형은 글자를 삽입하기 어렵고, 문자가 많아지면 편집에도 손이 많이 갑니다. 반면 **그림 9-2**의 가장 하단 그림 같이 손을 대지 않은 단순한 사각 박스에 기초한 단순한 표현은 아마추어어처럼 보일지도 모르지만, 작성하는 것도 읽는 것도 편하므로 이쪽을 추천합니다.

장식을 추가하는 것은 대체로 시간 낭비일 뿐이므로 추천하지 않는다.

다음은 깨끗하고 예쁘게 보이고 싶을 때 자주 쓰이는, 옅은 배경색에 작은 흰글씨와 테두리 없는 도형 디자인이다. 이는 대비감이 낮으며, 글씨가 작아 읽기 어렵다. 프로젝터에 비추면 특히 읽기 어렵게 된다.

흰 바탕·크고 검은 글씨·테두리가 있는 단순한 디자인이 더 읽기 쉽다. 꾸민 도형 없이 단순하게 사각형의 박스를 사용하므로 편집도 쉽다.

• 그림 9-2 예쁜 디자인은 읽기 힘든 자료가 되는 경우가 많다

대표적인 도해 방법: 논리 도해·그림 도해·그래프·인포그래픽

정보를 시각적으로 나타내는 도해 방법은 정말 많지만, 대략적으로 분류한다면 **논리 도해·그림 도해·그래프·인포그래픽**으로 나뉜다고 생각합니다(그림 9-3).

논리 도해　순서, 이유, 구조 등의 논리를 나타내는 것. 상자, 화살표, 표를 많이 사용함.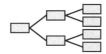

그림 도해　그림으로 확실히 알 수 있는 이미지를 감각적으로 표현하는 것. 일러스트나 사진을 사용한 것이 많음.

그래프　일반 상식에서의 그래프를 말함. 수치를 가시화한 것.

인포그래픽　보통, 그래프에 그림 도해 등의 연출을 추가한 것을 말함.

사육하는 개, 고양이 마릿수

• 그림 9-3 비즈니스에서 사용하는 도해의 종류와 특징

논리 도해는 문자 그대로 논리 구조를 나타낸 것, 그림 도해는 감각적인 이미지를 나타낸 것입니다. 이미지는 광범위한 의미를 가진 용어인데, 그중 특정 순간을 포착한 사진과 같은 그림으로서 이해되는 것이 그림 도해라고 생각해 주세요. "그래서 무얼 말하고 싶은 건가요?"란 질문에 대해 한 마디로 대답할 수 있

는 경우는 보통, 그림 도해로 표현할 수 있는 경우가 많습니다.

그래프는 일반 상식으로 누구나 알고 있는 막대그래프나 꺾은선그래프 같은 도해를 말하며, 요컨대 수치를 가시화한 표현입니다.

인포그래픽은 2010년대 중반부터 일각에서 유행하고 있습니다. 본래 의미는 앞선 3종류를 모두 포함하지만, 실질적으로는 그래프에 그림 도해식의 연출을 추가한 것을 인포그래픽이라 부르는 경우가 많습니다. 프레젠테이션에서 평범한 그래프는 무미건조해 보이므로, 가령 '사육하는 개, 고양이 마릿수'를 나타내는 그래프라면 막대나 꺾은선을 대신해 개나 고양이 아이콘을 쭉 늘어놓거나 크기를 키워 배치함으로써, 독특하고 세련된 느낌을 주는 것이 바로 인포그래픽입니다.

이는 흥미롭게 봐주었으면 하는 자료 만들기에는 도움이 되나, 아직 정보 정리가 되지 않은 단계에서 사용하면 해롭습니다. IT 개발자의 일상 업무에서는 인포그래픽보다 정보 정리 쪽이 수십 배 더 중요하므로, 이를 생각하며 너무 집착하지 않도록 합시다.

03 강조색과 기본색을 생각하자

필자는 IT 개발자가 작성한 보고서를 첨삭하기도 합니다. 이때, 이해하기 쉽게 쓰려는 생각 때문인지 색을 지나치게 많이 쓴 것을 종종 보게 됩니다. 또한 도해에서의 색 사용법에 관해 상담을 요청받는 일도 있습니다. 아무래도, 알기 쉽게 쓰려면 도해가 필요하다는 생각에 도해를 그리려다 색을 구분해서 사용해야 한다는 생각에 갇히거나, 혹은 별생각 없이 무심코 여러 색을 쓰는 일이 생기는 듯합니다. 요즘엔 컬러 인쇄 비용도 저렴해졌고, 모니터 화면으로만 보는 자료도 늘어났기 때문에 색을 사용할 기회 자체도 많아졌습니다. 그렇다고 안 이하게 알록달록한 색을 써버리면 오히려 알아보기 어려워지니 유의하세요.

구체적으로는 다음 방침을 추천합니다(그림 9-4).

색을 쓰지 않아도 의미가 통하도록 정보 정리를 철저히 하고 단어를
엄선한 후에, 정말로 강조하고 싶은 부분에만 강조색을 사용한다.

강조색이란 **눈에 띄는 색**으로서, 많은 경우 붉은색이나 주황색 등 난색이 선택됩니다. 그 밖의 일반적인 정보에 사용하는 색을 **기본색**, 배경에 사용하는 색을 **바탕색**이라고 부릅니다.

당연하지만 정말로 강조하고 싶은 부분을 고르기 위해서는 정보 정리가 필수입니다. 정보 정리가 되지 않은 상태에서 색을 사용하려 하면, 무질서하게 컬러풀한 자료를 만들어버리기 쉽습니다(이런 예를 수도 없이 봐 왔습니다).

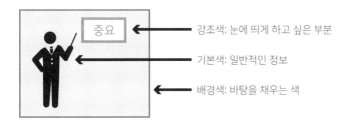

• 그림 9-4 강조색, 기본색, 배경색

웹 디자인에서는 전체를 100으로 가정했을 때, 배경:기본:강조의 비율을 70:25:5 정도로 유지하는 것을 권장합니다. 요점은 강조색은 '여기다!' 싶은 곳

에만 사용하라는 것입니다.

외부 제품 발표 프레젠테이션 등에 쓰이는 홍보자료라면 이 3색을 엄격히 계산해서 배색해야 하는데, 이는 디자인 전문가에게 맡길 영역입니다. IT 개발자가 작성하는 문서에서는 배경색은 흰색, 기본색은 검정에 가까운 회색, 강조색은 붉은색으로 정해 두는 게 가장 기본적입니다. 그러니, 배색에 너무 공들이기보다는 도해에 쓰일 단어 선택에 머리를 쓰는 편이 합리적일 것입니다.

그렇지만 서울 지하철 노선도 같이 대단히 많은 정보를 담은 경우에는, 색 구분 외의 다른 방법으로 알기 쉽게 전달하기가 어렵습니다. 정보를 잘 전달하기위해, 정말로 필요할 때는 망설이지 말고 여러 색을 사용합시다. 단, 이런 경우에도 기본적으로 붉은색과 녹색을 같은 페이지에 두는 것은 꼭 피하길 바랍니다. 우리나라 전체 인구 중 남성 5.9%, 여성 0.4%는 붉은색과 녹색을 잘 구별하지못하는 적녹색약이기 때문입니다.* 어떻게든 붉은색과 녹색을 동시에 사용해야 하는 경우라면, 색의 밝기와 진하기를 크게 달리 하거나, 형태를 변형하거나하여 색상 이외 부분으로 구별할 방법을 준비하도록 합시다.

04 기본 서체의 선택 방법

보고서를 첨삭하다 보면 지나친 색 사용 외에 또 한 가지 자주 보이는 시각디자인 관련 문제가 바로 서체 선택입니다. IT 개발자는 보통, 일상 업무나 커

---

* 질병관리청 국가건강정보포털에 의하면 한국 남성의 약 5.9%, 여성의 약 0.4%가 색약이다.

뮤니케이션에서 서체를 크게 신경 쓰지 않을 것입니다. 그럴지라도 사내·사외용 프레젠테이션이나 매뉴얼, 교육용 교재 등 도해가 삽입된 '만듦새가 좋은', '읽기 쉬운' 문서를 만들어야 할 때는 서체도 신중하게 선택하는 편이 바람직하겠지요. 서체의 세계는 매우 심오하고, 발을 들이기 시작하면 끝 모를 바다가 펼쳐져 있습니다. 이 책에서는 최소한 알고 있어야 할, 극히 간단한 가이드라인만을 언급하도록 하겠습니다. 그 전에, 우선 가장 먼저 말하고 싶은 것이 있습니다.

> 기자들을 초청해 제품 발표를 하는 등의 홍보용 슬라이드는
> 전문가에게 맡기자.

이런 부류의 자료에 쓰이는 서체 선택(을 포함한 디자인)은 초보자가 할 만한 것이 아닙니다. 예를 들어 《보기에도, 읽기에도 좋은 도서용 베스트 본문서체 101》(채움북스, 2019) 등의 서적을 참고하여 '딱 보았을 때의 느낌'으로 서체를 고를 수는 있겠지만, 이 '인상'의 범주는 매우 다양하여 언급한 책에 소개된 것만 하더라도 100종이 넘는 서체가 실려 있습니다. 초보자가 이 중에서 효과적인 서체를 찾아내기란 극히 힘든 작업이니, 중요한 홍보용 문서는 마땅히 디자인 전문가에게 맡기도록 합시다.

반면, 굳이 디자인 전문가에게 맡기지 않아도 되는 문서도 있습니다. 갱신이 빈번하거나, 양이 많은 혹은 기술적 정확성이 요구되는 문서는 디자이너에게 맡기기 어렵습니다. 이런 문서라도 최소한의 아름다움과 전달성을 확보하고 싶을 때는 IT 개발자 스스로, 서체를 선택할 필요가 있을 겁니다. 그러기 위해 알아두면 좋을 방침을 몇 가지 소개합니다.

잘 보이는 고딕, 잘 읽히는 명조

문서 제목이나 단락 표제 등의 짧은 문구에는 고딕계 서체나 그에 준하는,

두꺼운 선의 서체를 사용하는 것이 기본입니다. 제목이나 표제는 단번에 알아볼 수 있도록 '보여지는' 부분인 만큼, 다른 텍스트보다 튀고 돋보일 필요가 있기 때문입니다.

그에 반해 몇 줄 이상의 문장처럼 '읽는 데 시간이 걸리는' 본문은 명조체를 사용하는 것이 일단은, 기본으로 되어 있습니다. 왜 '일단'인지는 후술하겠습니다. 참고로 초등학교 교과서에는 글을 배우는 중인 초등학생이 이해하기 쉽도록 손글씨에 가까운 서체가 많이 쓰이지만, 글밥이 많아지는 중학교 이상으로 가면 장문을 읽는 데 적합한 명조체 사용이 늘어납니다.

하지만 해상도가 낮은 화면에서 명조체의 가느다란 선은 어떻게 해도 잘 보이지 않기 때문에, 프로젝터로 송출할 것을 상정한 자료라면 문장에도 고딕계 서체를 적용하는 편이 무난합니다. 최근 기술 분야 서적도 본문까지 고딕계 서체를 사용한 것이 많기도 하니, '문장에는 명조체'라는 생각에 너무 얽매일 필요는 없습니다.

☑ '잘 읽히는' 명조체가 실은 읽기 어렵다?

앞서, 명조체를 사용하는 것이 '일단' 기본이라는 미묘한 말을 했던 이유를 설명하겠습니다. 사실 장문을 읽기에 적합하다고 여겨지는 명조체가, 누구에게나 읽기 쉬운 것은 아니라는 것이 최근 밝혀졌습니다. 문자의 독해가 어려운 난독증이라는 질환은 발달장애의 일종으로, 배우 톰 크루즈나 영화감독 스티븐 스필버그 등의 유명인도 앓고 있다고 알려져 있습니다. 난독증 환자들은 명조체를 특히 읽기 어려워한다고 합니다. 명조체와 비슷한 서체가 초등학교에서도 쓰이기 때문에 지능에 문제가 없어도 교과서 읽는 데 고생하기도 하고, 그것이 원인이 되어 수업을 따라가지 못하다 보니 공부를 게을리한다고 오해받는 경우도 있다고 합니다.

그래서 최근, 명조체 대신 사용할 수 있는 '누구나 읽기 쉬운 서체'가 개발되었습니다. 바로 총칭 UD(Universal Design) 서체입니다. 일본의 모리사와 폰트가 개발한 서체로, 2009년 11월 출시된 이후 다양한 매체에서 활용되고 있습니다. 이후, 우리나라에서는 다양한 사용자들의 가독성을 높여주기 위해 한국 장애인 개발원에서 'KoddiUD온고딕'이라는 서체를 개발했고, 윤디자인그룹에서 'UD폰트'를 개발하여 서비스 중입니다. 누구나 부담 없이 편히 읽을 수 있는 것이 최우선 고려 사항이라면 명조체 대신 UD 계열의 서체를 선택하길 추천합니다.

가독성이 좋은 것과 쉽게 이해되는 것은 다르다

교육용 자료를 만들 일이 있는 분을 위해, "읽기 힘든 서체가 더 잘 이해될 가능성이 있다"는 연구 결과도 소개하고자 합니다. 프린스턴 대학이 2010년에 실행한 연구[*]의 내용은 다음과 같습니다.

> 같은 내용의 텍스트를 읽기 쉬운 서체와 읽기 어려운 서체로 각각 준비해 읽게 한 다음, 얼마나 기억하는지 테스트했는데 읽기 어려운 서체 쪽의 정답률이 높았다.

다소 믿기 어려운 결과인데, 말하자면 "읽기 힘든 서체라면 주의해서 해석해야만 하므로 집중력이 높아지고, 그 결과 정답률이 상승했다"는 있을 법한 이야기입니다.

그러나 이 연구 결과가 성립하려면, 아마도 "반드시 읽어야 하는 정보면서, 몇 페이지 정도로 짧은 것에 한한다"는 조건이 필요할 듯합니다. 복잡하며 대량인 정보라면, 대충 읽을지도 모릅니다. 또한 열심히 읽는다 하더라도 몇 페이지가 넘어가는 긴 글을 읽다 보면 뇌가 지쳐버려, 그 이후 학습 효율이 떨어질 가

---

[*] "Font focus: Making ideas harder to read may make them easier to retain"(https://www.princeton.edu/news/2010/10/28/font-focus-making-ideas-harder-readmay-make-them-easier-retain)

능성도 있습니다.

또 이 연구에는 "'읽기 어려운 서체'가 어느 정도인가?", "난독증이 있는 사람에게도 통용되는가?" 같이, 실제로 응용하기에는 어려운 문제가 많이 있습니다. 따라서 그대로 받아들이기는 어렵습니다만 흥미로운 지점이 있기에 알아 두면 좋지 않을까 하여 이렇게 소개했습니다.

점프율을 바탕으로 서체 크기를 결정한다

점프율이란, 크기가 다른 서체를 사용할 때 상대적인 크기의 비율을 말합니다. 프레젠테이션용 슬라이드를 제작할 때 중요한 부분은 크게, 덜 읽혀도 상관없는 부분은 작게 넣는 것처럼, 문자 크기를 변경하는 일은 자주 있습니다. 그런 경우, 대·중·소로 확연한 차이를 두는 것을 의식하도록 합시다. 차이가 작다면, 독자에게 그 구별이 전해지기 어려워집니다. 1단계마다 가장 작게 잡아도 1.3배, 보통은 1.5배부터 2배 차이를 두는 것이 권장되고 있습니다(그림 9-5). 만일 1.2배 정도로 작은 차이라면 바로 옆에 붙었을 때는 구분이 가지 않고, 떨어져 있을 때는 차이가 보이지 않게 됩니다. 그러면 중요하지 않은 정보에도 독자가 시선이 분산되어, 방해될 우려가 있습니다.

18포인트	고가용성 시스템
	↑ 1.5배 차이는 알기 쉽다
12포인트	AWS, Azure 등 클라우드화 추천
	↑ 1.2배 차이는 크게 느껴지지 않는다
10포인트	접속 장애에서 얻은 노하우를 살린다

● 그림 9-5 서체의 크기 차이를 명확하게 하자

- 도형 꾸미기는 시간 낭비다, 간단한 형태를 기본으로 도해를 구성한다.
- 정보 정리를 철저히 한 다음에, 강조하고 싶은 부분에만 강조색을 사용한다.
- 눈에 잘 띄는 서체는 고딕체이며 읽기 쉬운 서체는 명조체이다.

계층이 다른 분류를 나란히 배열하는 실수

```
┌─────────────────────────┐   ┌─────────────────────────┐
│    서울 시내 자동차 수    │   │    서울 시내 자동차 수    │
│   자가용 ××대           │   │   자가용 ××대           │
│   운송영업용 ××대        │   │   운송영업용 ××대        │
│   긴급용 ××대           │   │   긴급용 ××대           │
│   경찰차 ××대           │   │     경찰차 ××대         │
│   구급차 ××대           │   │     구급용 ××대         │
│        ↗                │   │        ↗                │
└─────────────────────────┘   └─────────────────────────┘
  경찰차, 구급차는 긴급용에 포함된다      계층에 따라 나타내야만 한다
```

분류할 때 아주 흔한 실수 중 하나가, 계층이 다른 분류를 나란히 배열하는 것입니다. 예를 들어, 서울 시내의 자동차 수를 분류하는 경우, 경찰차나 구급차는 긴급용에 포함되기 때문에 본래는 동렬에 열거하는 것이 아니라, 긴급용의 하위 분류로 나타내는 것이 타당합니다. 이런 종류의 실수는 정말 자주 있기 때문에 유의하길 바랍니다.

덧붙여 분류의 계층 관계에 주의를 기울이면 미묘한 의미의 차이를 민감하게 알아차리게 된다는 장점이 있습니다. 예를 들어, 경찰차라고 했을 때 연상되는 순찰차라면 긴급용으로 좋을 것 같지만, 경찰이 사용하는 차에는 순찰차 이외의 것도 있습니다. 이런 차량은 긴급용에는 해당하지 않습니다. 또 경찰차나 구급차라도 법률상의 '긴급차량'으로 도로상에서 우선 통행권이 주어지는 것은 적색 등을 켜고 사이렌을 울릴 때뿐이며 평상시에는 긴급차량에 해당하지 않습니다. 그것을 생각하면, 애초에 '긴급용'이 아니라 '경찰·구급차' 쪽이 분류명으로서 더 좋을지도 모릅니다.

생각해 낸 분류명을 단순하게 열거하고 있을 뿐이라고 깨닫지 못하지만 "이 항목은 이쪽의 항목에 포함되기 때문에……"라고 계층 관계를 의식하고 있으면, 앞뒤가 맞지 않는 부분을 눈치채고 평소 잘 모르고 그냥 사용하고 있는 말의 의미를 엄밀히 다시 파악할 수 있습니다. 이는, 대화의 간극을 줄이는 매우 귀중한 기회입니다.

10장

글쓰기 주의사항

> 주로 학교에서 배우게 되는 '글쓰기'는 문학이나 평론에서는 옳더라도
> 테크니컬 라이팅에서는 성립하지 않는 것이 있습니다. 이를 계승하여,
> '개발자의 글쓰기'를 새롭게 업데이트합시다.

01 문단 구분 기준은 들여쓰기인가, 빈 줄인가?

이 책에서는 정보의 논리 구조를 정리하여 도해로 나타내는 것을 중시합니다만, 문장이 중요하지 않은 것은 아닙니다. 여기서 문장(텍스트)을 쓸 때의 주의 사항도 이야기해 보겠습니다.

먼저 생각해 보고 싶은 것은 문단 구분 기준은 들여쓰기인가, 빈 줄인가 하는 문제입니다(그림 10-1). 긴 문장을 여러 문단으로 분할할 때, 문단의 경계는 어떤 방법으로 나타내면 좋을까요? 아마 학교에서는 '문단 첫 줄은 1글자만큼 공백을 두고 시작하기'라는 첫 줄 들여쓰기 방식을 배웠을 것입니다. 그러나 이는 종이가 귀했을 시대에 작은 지면에 글자를 최대한 채워 넣으면서도 최소한의 가독성을 확보하기 위 첫 줄 들여쓰기하여 사용한 방식입니다. 온라인에 게재된 글을 읽는 것이 일반적인 현재, 종이 절약보다는 정보의 습득 용이성이 훨씬 중요합니다. 그 점을 고려하면 **사이에 빈 줄을 두는** 블록 방식이 더 적합합니다.

그뿐 아니라 학교 작문이나 소논문 같은 글에서 상식으로 통용되는 '좋은 문장 쓰는 법'은 의사소통 효율이란 관점에서는 꼭 최상이라고 말할 수 없는 부분이 있습니다. 따라서 그런 형식으로 글을 쓰는 게 정말 좋은지는 처음부터 재검토해 봐야 합니다.

온라인 참조가 기본이 된 현대에서는 블록 방식이 바람직하다

첫 줄 들여쓰기

들여쓰기 → 　기획이란 어떤 행동을 제안하는
　　　　　　 것이며, 행동에는 목표가 있습니다.

들여쓰기 → 　목표는 현상을 기반으로 설정된
　　　　　　 것이기에, 현상은 어떠하고 목표는
　　　　　　 어디에 있는지, 그 사이에서 어떤
　　　　　　 변화를 일으키고…

블록 방식

기획이란 어떤 행동을 제안하는 것이며,
행동에는 목표가 있습니다.

빈 줄 →

목표는 현상을 기반으로 설정된 것이기에,
현상은 어떠하고 목표는 어디에 있는지,
그 사이에서 어떤 변화를 일으키고…

● 그림 10-1 첫 줄 들여쓰기 방식과 블록 방식의 비교

02 동어반복은 피해야 하는 것인가?

　일반적인 좋은 문장 쓰기 가이드라인에는, 동어반복을 피하라는 항목이 있습니다. **그림 10-2**의 <동어반복 예시1>을 보면 "중요하다"를 세 번 연속 쓴 것이 눈에 띕니다. 이 같은 표현에서 어눌함이 느껴지진 않습니까? 반면 <환언 예시1>에는 동어반복이 없고, 이쪽이 더 지적 수준이 높아 보입니다. 어휘력이 아직은 부족한 초등학생에게 작문을 시키면 동어반복이 자주 나타나고, 유치해 보이기 때문에 피하는 편이 좋다는 이론이 있습니다. 그러나 항상 준수해야 하는 가이드라인은 아닙니다.

　<동어반복 예시2>와 <환언 예시2>를 비교해 보면, '지적 수준'의 차이가 더욱 역력한데, 환언 예시는 세련되고 고도화된 문장으로 보이는 데 비해 동어반복 예시는 단순히 사실을 열거했을 뿐입니다. 하지만 사실을 정확하게 전달하는 것이 중요한 경우에는 바꿔 말해서는 안 됩니다. 만일 이것이 몇 줄이 아니

라 역대 올림픽에서 치러진 무수한 경기와 그 성적을 기록한 대량의 문서라면 어떨까요? <환언 예시2> 같은 표현에서는 "메달을 딴 선수들을 금·은·동 순서로 나열해 주세요" 같은 작업을 바로 할 순 없을 겁니다. 문장을 꼼꼼히 읽어야겠죠. 그렇지만 <동어반복 예시2>와 같은 표현 방식이라면 간단합니다. 즉 문자가 아니라 '빅데이터'로서의 정보를 표현하는 문장이라면, 적극적으로 동어반복을 채택할 필요가 있는 셈입니다.

기술 문서에는 이처럼 문자가 아닌 데이터로서의 정보를 나타내는 문장이 많으므로, 같은 것이라면 같은 표현으로 통일해야 한다고 생각해 주길 바랍니다.

동어반복이 있는 문장은 유치해 보이지만, 사실을 정확하게 전달한다.

<동어반복 예시1>

지속가능한 성장에는 매출 확보와 이익률 향상이 중요하다.
그러기 위해서는, 기술력과 고객만족도를 향상시키는 것이 중요하다.
그리하여 고객에게 신뢰를 얻고, 가격 경쟁을 회피하는 것이 중요하다.

<환언 예시1>

지속가능한 성장에는 매출 확보와 이익률 향상이 필수적이다.
그러기 위해서는, 기술력과 고객만족도를 향상시키는 것이 중요하다.
그리하여 고객에게 신뢰를 얻고, 가격 경쟁을 회피하는 것이 가능해진다.

<동어반복 예시2>

밴쿠버 동계올림픽 피겨 스케이팅 여자 싱글 종목에서
금메달을 딴 선수는 김연아,
은메달을 딴 선수는 아사다 마오,
동메달을 딴 선수는 조아니 로셰트였다.

<환언 예시2>

밴쿠버 동계올림픽 피겨 스케이팅 여자 싱글 종목에서
정상에 선 사람은 김연아였다.
조아니 로셰트는 동메달을 따며 명예롭게 선수 생활을 마무리했고,
김연아와 경쟁 구도였던 아사다 마오는 은메달에 그쳤다.

● 그림 10-2 동어반복을 사용한 문장과 이를 환언한 예시

03 들여쓰기와 줄 바꿈의 올바른 사용법

가끔, 신입의 보고서는 들여쓰기와 줄 바꿈이 가지런하지 않아 읽기 어렵습니다. 그림 10-3에 그 예를 실어 보았습니다.

들여쓰기가 제각각임 ↓

줄 바꿈도 가지런하지 않음

◆ ALPHA 서브시스템 개발 상황
● 봄 버전 개발이 시작되었음.
당사 담당 부분의 오류 지적은 감소하고 있지만,
iOS 고유의 오류는 지금도 제기되고 있음.
최종 릴리즈 시기까지 오류를 해소시킬 것을 목표하고
있음.
● 관련 툴 개발이 본격적으로 시작되었음.
iOS 버전 업데이트에 라이브러리가 대응되지 않아,
중추 기능 가동이 일부 제한되고 있는 상황임.

개선 예시

◆ ALPHA 서브시스템 개발 상황
1 . 봄 버전 개발이 시작되었음.
a. 당사 담당 부분의 오류 지적은 감소하고 있지만, iOS
고유의 오류는 지금도 제기되고 있음.
b. 최종 릴리즈 시기까지 오류를 해소시킬 것을 목표하고
있음.
2 . 관련 툴 개발이 본격적으로 시작되었음.
a. iOS 버전 업데이트에 라이브러리가 대응되지 않아,
b. 중추 기능 가동이 일부 제한되고 있는 상황임.

들여쓰기를 정렬하고 번호를 매김 ↑

줄 바꿈도 가지런함 ↑

● 그림 10-3 들여쓰기와 줄 바꿈의 올바른 사용법

들여쓰기가 정렬되어 있지 않으면 매우 읽기 어려워지므로, 꼭 정렬합시다. 1.이나 a. 같은 순번은 반드시 필요한 것은 아닙니다. 그렇지만 순번이 있으면 의논할 때, "이 항목 2-a에 관해서입니다"처럼 지금 이야기하고 있는 화제가 무엇인지 특정하기 쉬우니 붙일 것을 권합니다. 사용하는 번호가 2계층이라면 '1, 2, 3/a, b, c' 같이 숫자와 알파벳 소문자 조합인 경우가 많습니다. 하지만 공문서에서처럼 조직의 규칙으로 정해져 있을 땐 해당 규칙을 따라주세요.

줄 바꿈은 다소 미묘합니다. 예를 들어 '목표' 같은 단어의 중간을 잘라버리면 읽기 어려워지니, 어절을 경계로 줄 바꿈 하는 것을 우선하여 행 길이는 맞출 수 없다는 생각도 있습니다. 그러나 그럴 경우 일견 어수선한 '수기 문서'라는 인상을 줄 수도 있으므로, 읽기 쉬움보다 정연함을 우선하고 싶을 때는 잘 맞추도록 합시다.

04 언제나 도해가 최고인 것은 아니다

이 책에서는 정보 정리를 위해서 그림을 그릴 것(도해)을 추천하고 있지만, 언제나 도해가 최고인 것은 아닙니다. 확실히 도해를 그리는 데는 어느 정도 시간이 걸립니다. 가령, 텍스트 2줄을 1분 내로 써서 사내 메신저로 휙 보내면 그만인 정보를, 5분 들여서 도해로 표현한다면 합리적이라곤 할 수 없겠지요. 특히 정보 정리가 잘 되어 있다면 평범한 문장에서도 범주와 요약이나 그룹·패러렐·시리즈를 명시할 수 있으므로, 역설적이게도 논리 도해만 잘 그린다면 도해 없이도 이야기가 잘 통하게 됩니다.

표 형식의 정보를 텍스트로 전달하는 방법

그림 10-4의 예문 같은 내용은, 본래 표로 나타내는 쪽이 알기 쉬울 겁니다. 그러나 이를 위해 엑셀이나 파워포인트, 워드를 실행해서 표를 만드는 수고를 들이고 싶지 않다면, 텍스트로 표 형식을 표현하는 것도 가능합니다. 요컨대 [Space Bar]로 띄어쓰기하여 위치를 조정해서 유사 표를 만드는 것입니다. 표 1행당 정보가 적을 때는 충분히 실용적인 방법입니다.

<예문>

질병관리청은 30일, 서울 시내에서 976명의 코로나바이러스 신규 확진자가 집계되었다고 발표했습니다. 1주일 전, 일요일보다 162명 줄어든 것입니다.
경기도 감염자는 567명으로, 같은 기간 46명 감소했습니다.

<표 형식>

	30일 일일 확진자 수	증감
서울시	976	-162
경기도	567	-46

<텍스트로 표 형식 표현>

서울시와 경기도의 30일 확진자 수 및 전 주 동요일 대비 증감은 다음과 같습니다.

```
<지역>  <확진자 수>  <증감>
서울시     976       -162
경기도     567       -46
```

● 그림 10-4 표 형식의 정보를 텍스트로 전달하는 방법

다만, 상대방의 서체 설정에 따라 같은 너비의 서체를 사용하지 않으면 레이아웃이 무너지는 단점이 있으므로, 표 레이아웃이 무너져도 상관없는 용도에

한정해서 사용하도록 합시다. 팀 내에서 일상적으로 커뮤니케이션한다면 이대로도 아무런 문제가 없을 겁니다. 제시간에 이야기만 하면 되는 것을 일부러 엑셀이나 워드로 작업한다면 시간 낭비일 뿐입니다. 웹 사이트에 게재하는 공식 발표나 고객에게 보내는 보고서 같이, 체면을 차려야 하는 문서는 물론 이야기가 다릅니다. 그때는 상대가 요구하는 수준으로 정서해서 제출하도록 하세요.

다시 말해, 정보의 논리 구조를 알 수 있다면 텍스트만으로 그 구조를 표현하는 방법은 꽤 있다는 겁니다. 도해로 작업할 정도는 아닌 논리 구조는 텍스트로 쓰는 편이 좋겠지요. 시간도 절약되고 슬랙, 노션, 팀즈 등 조직 내 정보 공유 툴에도 싣기 쉬우며, 검색도 수월하다는 여러 장점이 있으니까요.

한편 TV 방송국이나 신문사 웹 사이트에는 이런 정보도 **그림 10-4**의 첫 번째 예문처럼 문장으로 쓰여 있을 때가 많습니다. 이는 방송이나 신문기사용 원고 스타일을 차용해서 웹 사이트를 제작했기 때문이므로, 굳이 이를 참고할 필요는 없습니다.

트리 구조를 텍스트로 전달하는 방법

표 형식과 함께 자주 등장하는 논리 구조를 꼽자면 트리 구조일 겁니다. 텍스트로 트리의 시각 이미지를 그대로 표현할 수는 없지만, 숫자 매기기와 들여쓰기를 구사하면 상당히 가까운 느낌으로 표현할 수 있습니다(그림 10-5). 들여쓰기를 하면 번호가 없어도 괜찮다고 생각할 수 있지만, 2계층 이하로 구성되는 트리 구조의 경우 대체로 항목 수가 더 많아져 번호가 있는 편이 좋습니다. 왜냐하면 번호가 있어야 그 내용을 의논할 때 "항목 1-3-4에 대해 궁금한 게 있는데요"처럼 언급하기 쉽기 때문입니다. 그러므로 번호를 매기는 것을 원칙으로 삼기를 추천합니다. 번호를 매기면, 텍스트를 복사하다가 들여쓰기가 사라지는 사태가 발생해도 가독성이 그다지 떨어지지 않습니다.

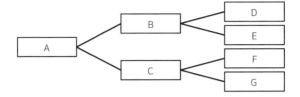

< 트리 구조 >

```
        ┌── B ──┬── D
   A ───┤       └── E
        └── C ──┬── F
                └── G
```

< 텍스트로 트리 구조 표현: 번호 있음 >

```
1. A
  1.1  B
      1.1.1  D
      1.1.2  E
  1.2  C
      1.2.1  F
      1.2.2  G
```

< 텍스트로 트리 구조 표현: 번호 없음 >

```
●  A
   ➤  B
      ✓ D
      ✓ E
   ➤  C
      ✓ F
      ✓ G
```

● 그림 10-5 트리 구조의 정보를 텍스트로 전달하는 방법

뒤얽힌 참조 관계를 텍스트로 전달하는 방법

표 형식이나 트리 구조는 세로나 가로로 정연하게 논리가 전개되지만, 현실 세계에서는 **그림 10-6**처럼 갔다가 돌아오거나 빙빙 도는, 뒤얽힌 참조 관계가 있는 구조도 존재합니다. 이런 구조는 문장으로 쓰기에는 적절하지 않으므로 되도록 도해로 나타내야 하지만, 그래도 어떻게 해서든 문장으로 쓰고 싶다면 어쩔 수 없지요. **그림 10-6** 하단이 그렇듯, 첫머리에 구조의 개요를 설명한 뒤에 각 요소 간의 접속 관계를 하나하나씩 설명합시다.

개요 설명 부분에서는 "A, B, C는 상호 접속"과 같이 동일 패턴으로 묶을 수 있는 것은 가능한 한 한 덩어리로 적는 것이 핵심입니다. 또한 사각형으로 표현한 각 요소 역시 가능한 한 짧은 라벨을 붙여 구별합니다. 그럴 수 없다면 "○○○○과 □□□□의 접속관계"처럼 긴 이름을 몇 번이고 적게 되어 말이 길어집니다. 라벨을 붙일 경우, ①②③과 같은 번호나 알파벳 A~D를 식별 부호로 부여합니다.

< 뒤얽힌 참조 관계 >

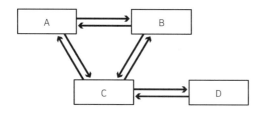

< 텍스트로 표현한 뒤얽힌 참조 관계 >

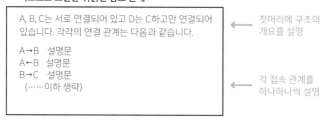

• 그림 10-6 뒤얽힌 참조 관계를 텍스트로 전달하는 방법

적절한 문장 길이에 대해 설명하겠습니다. 한 문장이 너무 길면, 수식 관계가 복잡해지기 쉬워 독해가 어려워집니다. 일반적으로 한 문장은 60자 정도, 길어도 100자 정도까지가 적절합니다. 다음 예문을 살펴봅시다.

문장이 긴 예시(약 170자)

풍부한 라이브러리를 가지고 기계 학습이나 데이터 분석, 웹 개발이나 스크래핑 등 폭넓은 용도로 사용되는 Python은 언어 사양에 의해서 일정한 서식을 강제하고 있기 때문에 가독성이 높은 코드를 쓸 수 있고, 인터프리터 언어이기 때문에 개발 사이클을 단축하기 쉬운 것이나 Windows, Mac, Linux에서 공통적으로 동작하는 것으로부터 프로그래밍 입문에도 사용되는, 인기가 높은 언어입니다.

문장이 짧은 예시(최장 60자)

Python은 풍부한 라이브러리를 가지고 기계 학습이나 데이터 분석, 웹 개발이나 스크래핑 등 폭넓은 용도로 사용되는 프로그래밍 언어입니다. 언어 사양에 따라 일정한 서식을 강제하고 있기 때문에 가독성이 높은 코드를 쓸 수 있습니다. 인터프리터 언어로 개발 사이클을 단축하기 쉽고 윈도우, 맥, 리눅스에서 공통적으로 동작합니다. 이러한 특징으로 인해 Python은 프로그래밍 입문에도 사용되는 인기 높은 언어가 되고 있습니다.

목록 예시

프로그래밍 언어 Python에는 다음과 같은 특징이 있습니다.
- 풍부한 라이브러리를 가지고 기계 학습과 데이터 분석, 웹 개발과 스크래핑 등 광범위한 용도로 사용된다.
- 언어 사양에 따라 일정한 서식을 강제하고 있기 때문에 가독성이 높은 코드를 쓸 수 있다.
- 인터프리터 언어로 개발 주기를 단축하기 쉽다.
- Windows, Mac, Linux에서 공통적으로 동작한다.

이러한 특징으로 인해 Python은 프로그래밍 입문 언어로 인기가 높아지고 있습니다.

앞의 예문을 보면 알 수 있듯이 한 문장이 길면 읽기가 어렵습니다. 따라서, 100자가 넘어가는 문장은 피하는 것이 좋겠지요. 그렇지만 문장을 짧게 끊으면 흐름이 뚝뚝 끊기거나 유치한 문장으로 보이는 경우도 있습니다. 이럴 때는 글

머리 기호 목록으로 바꿔버리는 방법도 있습니다. 실제로 단순히 정보를 전달한다는 목적이라면 목록 쪽이 쓰는 사람도, 읽는 사람도 편합니다. 글머리 기호 목록은 퉁명스럽게 보인다, 무미건조하게 보인다는 평도 있지만, IT 개발자가 쓰는 문서는 문학 작품도 아니고, 마음을 담은 편지도 아니기에 이러한 평은 별 문제가 되지 않습니다. 목록을 적극적으로 활용합시다.

다만 모든 것이 목록 형식에 들어맞지는 않습니다. 복수 요소 사이에 복잡한 논리 구조가 있는 정보의 전체 개요가 보이게 하기 위해서는 어떻게 해도 도해가 필요합니다. "애초에 왜 한 문장을 짧게 해야 하는가"를 다시 물어봐도 그 본질은 "논리 구조를 명확히 해야 한다"이지, 문자 수 자체는 본질이 아닙니다. 문장으로 설명하기 부적합한, 복잡한 논리 구조는 도해가 더 효과적임을 유념해 주세요.

★●● 정리

- 온라인으로 참조하는 문서의 문단 나누기는 들여쓰기보다 공백을 주는 것이 좋다.
- 들여쓰기와 줄 바꿈에 신경 쓰자.
- 간단한 표 형식이나 트리 구조는 평범한 텍스트로도 전달할 수 있다.

축을 분리해서 생각하면 기획하기 쉽다

단순 열거형 분류

처음 반려동물을 기르는 방법

개를 키울 때

고양이를 키울 때

추위 대책

더위 대책

탈주 방지

잃어버렸을 때

중복, 누락이
발생하기 쉬움

축 분리형 분류

지역   수도권   지방

연령   초등학생   중학생   고등학생

기호   공작   운동   음악

축을 겹쳐서 파고 들어가면, "수도권에 거주하며
음악을 좋아하는 중학생 대상의 이벤트를
개최하자"는 기획을 세우기 쉬움

앞 그림의 왼쪽은 '처음 반려동물을 기르는 방법'이라는 가상의 책 목차 구성을 도해한 것입니다. 개와 고양이란 동물 종에 대한 정보와 추위와 더위 등 기후에 대한 정보, 탈주나 분실 시 대책 등 복수 축의 정보를 단순 열거하고 있습니다. 경영서나 실용서에서 발견하기 쉬운 구성이지만, 이러한 단순 열거형 분류라면 항목의 중복이나 누락이 일어나기 쉬워집니다. 하지만 입문서와 같은 서적에서는 이러한 분류가 단점이 되는 경우가 별로 없기 때문에 이 구성이 자주 사용됩니다.

한편, 그림의 오른쪽은 "어린이를 대상으로 한 이벤트를 기획"하는 과정을 도해한 것입니다. 이벤트나 상품 기획은, 통상 '수도권에 거주하는 음악을 좋아하는 중학생 대상'과 같이 복수의 축을 거듭해 좁혀서 세우기 때문에, 축을 분리해 두면 기획을 세우기 쉬워집니다. 또 이미 존재하는 유사 상품이 이런 축의 어디에 해당하는지를 모두 조사해 보면, 틈새시장이 있다거나 아직 아무도 하지 않은 조합이 발견되기도 합니다. MECE 사고방식은 이럴 때 도움이 됩니다.

이 책은, 제가 IT 개발자로 일하던 1990년대에 개인적인 흥미와 필요에 따라 탐구하고 있던 논리를 시각화하는 기술에서 시작했습니다. '복잡한 정보를 글로만 표현하는 것은 무리가 있으니, 시각적으로 알 수 있는 방법을 추구하자.'라고 생각하고, 그 방법을 여러 가지로 고안해 지금은 없는 《넥스트 개발자(NEXT ENGINEER)》지(일본 매거진)에서 연재를 시작한 것이 2000년 전후였습니다. 연재는 큰 반향을 일으켰고, 실제로 이러한 문제를 겪고 있는 사람과 회사가 많은 것 같다는 생각이 들었습니다. 그렇다면 '배우고자 하는 요구가 있지 않을까?'라고 생각해서 그것을 본업으로 전환한 지 벌써 20년 이상이 지났습니다. 이 책은, 이 모든 걸 집대성하여 집필한 것입니다.

20여 년 동안 인터넷은 수십 배나 빨라졌으며 메모리도 스토리지도 급격히 확장되었습니다. 휴대전화는 스마트폰으로 완전히 바뀌었으며, AI가 모든 분야에 진출하였습니다. 그러나, 인간이 정보를 이해하는 속도는 크게 변하지 않았습니다. 통신 속도가 10배가 된다고 해서 사람이 10배의 속도로 책을 읽을 수 있는 것은 아닙니다. 그렇기 때문에 필요한 것이, 이 책에서 해설한 생각(사고, 정보)의 정리입니다. 정리 정돈되고 최적의 형태로 표현된 정보는 생각나는 대로 뒤죽박죽 줄줄 쓴 글보다 몇 배나 빠르고 정확하게 이해됩니다. 그 필요성이 앞으로 점점 더 분명해질 것입니다.

생각(사고, 정보)의 정리는 근력 운동과 비슷합니다. 원리는 단순하지만 즉각적인 효과는 눈에 보이지 않습니다. 지속적인 운동으로 조금씩 몸에 익어 가는 수수한 능력입니다. 단 하루의 맹렬한 근력 운동으로 다음 날 바로 근육이 울끈불끈해지지 않듯이, 사고 정리의 기술도 아주 조금씩 늘어가게 됩니다. 1일 5분 만이라도 좋으니 꼭 지속적으로 시도해 보길 바랍니다.

이전에 쓴 책의 독자로부터, "승진할 수 있었던 것은 카이마이 씨의 책을 몇 번이나 읽고 실천했기 때문이라고 생각한다."란 이야기를 들은 적이 있습니다. 이 책의 내용도 독자 여러분께 도움이 되기를 진심으로 기원하겠습니다.

_ 카이마이 미즈히로

찾아보기

생각한 대로 말할 수 없어 답답했던

개발자를 위한 생각의 정리, 문서 작성법

초판 1쇄　2024년 5월 17일

2판 1쇄　2024년 7월 2일

지은이 카이마이 미즈히로開米 瑞浩
옮긴이 안동현
발행인 최홍석

발행처 (주)프리렉
출판신고 2000년 3월 7일　제 13-634호
주소 경기도 부천시 길주로 77번길 19 세진프라자 201호
전화 032-326-7282(代)　**팩스** 032-326-5866
URL www.freelec.co.kr

편　집 서선영, 박영주
디자인 황인옥

ISBN 978-89-6540-386-9

이 책에 대한 의견이나 오탈자, 잘못된 내용의 수정 정보 등은 프리렉 홈페이지(freelec.co.kr)
또는 이메일(webmaster@freelec.co.kr)로 연락 바랍니다.